Réussir son entretien

Chez le même éditeur

• Dans la collection « Guides »

Concours d'entrée AS/AP. Épreuves écrites, par J. Gassier. 2008, 400 pages.
Concours d'entrée AS/AP. Épreuve orale, par J. Gassier. 2008, 304 pages.
Les tests psychotechniques Concours infirmier, par J. Gassier, G. Broyer, A. Cousina, 2008, 240 pages.

• Dans la collection « Prépa santé »

Annales corrigées Concours d'entrée Aides-soignants, par J. Gassier. 2006, 128 pages.
Annales corrigées Concours d'entrée Auxiliaires de puériculture, par le CEEPAME. 2008, 192 pages.
Entraînement Concours AS/AP Épreuve écrite. Culture générale, par J. Gassier et M.-H. Bru. 2007, 128 pages.
Entraînement Concours AS/AP Épreuves écrites. Biologie, mathématiques, tests d'aptitude, par J. Gassier. 2007, 296 pages.
Entraînement Concours AS/AP Épreuve orale. Thèmes sanitaires et sociaux, par J. Gassier. 2007, 208 pages.
Entraînement Flash Épreuve orale Concours AS/AP, par G. Benoist. 2007, 96 pages.
Entraînement Flash mathématiques, par P. Labis. 2007, 96 pages.
Entraînement Flash Tests d'aptitude concours d'entrée auxiliaire de puériculture, par G. Benoist. 2007, 96 pages.

• Dans la collection « Mémo-fiches »

Mémo-fiches Concours AS/AP Épreuves écrites, par J. Gassier. 2008, 320 pages.
Mémo-fiches Concours AS/AP, par J. Gassier. 2008, 256 pages.

Réussir son entretien

Concours paramédicaux et sociaux

Jacqueline Gassier
Puéricultrice DE
Professeur de STMS

Évelyne Allègre
Psychothérapeute
Membre du jury des concours paramédicaux (IFSI, IFAP...)

ELSEVIER
MASSON

ISBN : 978-2-294-71139-8

Elsevier Masson S.A.S. 62, rue Camille-Desmoulins, 92442 Issy-les-Moulineaux Cedex

Sommaire

PARTIE 2. ÉVALUER SA GESTION DES ÉMOTIONS

PARTIE 3. ÉVALUER SA SOCIABILITÉ

PARTIE 5. ÉVALUER SA FIABILITÉ

Introduction

Un entretien, pour un concours comme pour une embauche, est destiné à faire votre connaissance. Le jury va chercher à analyser votre motivation, savoir si vous possédez les qualités et l'état d'esprit requis pour exercer votre futur métier et enfin, le jury va tenter de déceler des faiblesses qui pourraient constituer un frein à votre évolution.

Il est donc fondamental lors de l'entretien de pouvoir parler de vous et de faire valoir votre personnalité ainsi que votre choix professionnel avec aisance et précision.

La seule solution pour être à l'aise face à ces questions, c'est de les avoir anticipées, et pour ne pas être pris au dépourvu : c'est d'avoir réfléchi sur vous-même et sur l'exercice de votre futur métier.

La nécessité de se connaître pour réussir l'entretien

Vos réactions et vos réflexions sont une synthèse de vos gènes, « l'inné », et votre histoire, « l'acquis ». Quelles que soient vos forces et vos faiblesses, l'essentiel est de les identifier. De cette façon, vous pouvez vous assumer et évoluer.

« Connais-toi toi-même » est gravé sur le temple de Delphes. C'est un précepte des philosophes grecs qui constitue une condition indispensable à l'épanouissement personnel. La connaissance de soi ouvre les portes de la réussite et du progrès.

Dans cet ouvrage, un maximum de facettes de l'individu sont explorées (personnalité, forme d'intelligence, sociabilité, motivation, conscience professionnelle, etc.) par le biais de questionnaires psychologiques : le but n'est pas d'obtenir un jugement de valeur, mais des réponses sur vous-même, sur votre motivation et des réponses réfléchies à donner dans le cadre d'un entretien.

Un ouvrage spécifique au secteur sanitaire et social

Le secteur sanitaire et social est un secteur à part entière. Il comporte ses propres critères de sélection. Pour pouvoir en faire partie, il faut être conscient de son fonctionnement, de ses « règles du jeu » et des valeurs qui le dirigent.

Chaque module de cet ouvrage propose ainsi un éclairage sur vous-même mais aussi sur les différents métiers afin que vous puissiez faire concorder votre réalité avec celle de la profession convoitée.

À la fin des principaux modules, un espace vous est dédié pour noter et répertorier vos atouts pour exercer votre futur métier, ainsi que les points que vous devez améliorer avec les moyens pour y parvenir.

Il ne nous reste plus qu'à vous souhaiter une bonne lecture, une bonne connaissance de vous-même et de votre futur milieu professionnel, et enfin, un entretien parfaitement maîtrisé !

PARTIE 1

Évaluer sa forme d'intelligence

Chapitre 1

Votre forme d'intelligence

Toutes les informations que nous percevons grâce à nos cinq sens (la vue, l'ouïe, le toucher, l'odorat et le goût) sont traitées par notre cerveau. Ce traitement donne lieu à une action, une réaction ou une réflexion. Il ne s'agit pas ici de voir si vous êtes intelligent(e) ou pas, mais de découvrir votre forme d'intelligence, c'est-à-dire les informations que votre cerveau va capter en priorité et la façon dont il va traiter ces informations.

1. Deux questionnaires pour mieux vous connaître

A – Les questionnaires des « hémisphères »

Organiser ou imaginer ?

Le cerveau se compose de deux hémisphères[1] (parties du cerveau) : le gauche et le droit. Ces hémisphères sont le siège de deux formes d'intelligence :

- l'une plus tournée vers le langage et la logique (*abstrait*) ;
- l'autre plus axée sur le non-verbal et l'image (*concret*).

Ce premier questionnaire va permettre de déterminer quelle est votre dominante : êtes-vous plutôt fait pour *organiser* ou plutôt pour *imaginer* ?

Déroulement des questionnaires

Ce premier questionnaire se compose de dix choix et dure moins de trois minutes. Il vous faut choisir et cocher l'affirmation a ou b qui vous correspond le mieux.

En fin de questionnaire, vous obtiendrez donc dix cases cochées dans la colonne de droite.

Ce questionnaire sera suivi d'un second pour définir si vous êtes limbique ou cortical. Comptez donc pour tout le chapitre de l'intelligence entre cinq à dix minutes pour répondre dans les meilleures conditions et le plus sincèrement aux questions posées.

Comptabilisez le nombre de « a » et de « b » que vous avez cochés.

1. La découverte d'une double polarité du cerveau a été réalisée par N. Hermann, L. Schade et A. Potvin, trois chercheurs en ingénierie biomédicale de l'université du Texas, dans les années 1970. Ils établirent l'existence d'une double polarité du cerveau, selon l'hémisphère, droit ou gauche, et le système, limbique ou cortical et donc de l'existence de quatre types mentaux. Chaque type mental induit un type d'activités.

Choisissez la réponse « a » ou « b » pour chacune des 10 propositions	Cochez ici
1. a – Vous êtes cohérent(e) avec ce que vous pensez et ce que vous dites.	
b – Une idée nouvelle peut rapidement vous faire changer d'avis.	X
2. a – Vous prenez soin de vous et de vos affaires.	
b – Vous aimez la fantaisie mais vous êtes un peu brouillon, un peu désordre.	X
3. a – Vous avez besoin d'indications précises pour bien travailler.	X
b – Vous avez besoin d'organiser vous-même votre travail.	
4. a – Vous êtes rassuré(e) quand vous travaillez avec des consignes précises.	X
b – Vous changez souvent d'avis, d'idées ou de projets.	
5. a – Vous ne supportez pas d'être retard et cela ne vous arrive jamais.	
b – Vous vous pressez pour arriver à l'heure.	X
6. a – Vous êtes totalement absorbé(e) par ce que vous faites et vous oubliez tout le reste.	
b – Vous pouvez être attentif(ve) à la fois à ce que vous faites et à la fois à ce qui vous entoure.	X
7. a – Vous considérez une situation dans les moindres détails pour bien la comprendre.	
b – Vous considérez une situation dans les grandes lignes, dans sa globalité pour bien la comprendre.	X
8. a – Vous chercher la perfection avant tout quand vous agissez.	
b – Vous cherchez l'efficacité avant tout quand vous agissez.	X
9. a – Pour vous, le temps est une succession de moments différents.	X
b – Pour vous, le temps passe comme un liquide qui coule.	
10. a – Vous ne pouvez travailler que si vous n'êtes pas dérangé(e).	
b – Vous gardez votre calme, même quand on vous dérange dans votre travail.	X

Vous avez plus de « a » : vous faites plus fonctionner votre hémisphère gauche 3

L'hémisphère gauche est le siège de la lecture, du calcul, de l'utilisation du langage. C'est lui qui intervient aussi pour tirer des conclusions, résoudre des problèmes logiques. Il permet l'organisation et la planification.

Vous avez plus de « b » : vous faites plus fonctionner votre hémisphère droit 7

L'hémisphère droit est le centre de la métaphore, la pensée en image. Il est le siège de l'imagination et de la création. C'est lui qui fait fonctionner l'intuition. Il sert à observer, écouter, synthétiser.

Notez votre résultat, il vous sera utile après le second test ci-dessous.

B – Le questionnaire du type « limbique » ou « cortical »

Raisonner ou ressentir ?

Le traitement des informations s'effectue soit directement par le cerveau « cortical », centre majeur de la connaissance qui donne lieu à la conscience, soit en passant d'abord par le cerveau « limbique », centre des émotions.

Quatre « types mentaux » seront ainsi définis :

- le type cortical droit ;
- le type cortical gauche ;
- le type limbique droit ;
- le type limbique gauche.

Ces quatre types mentaux vous seront précisément détaillés dans le chapitre suivant.

Déroulement du questionnaire

Comme précédemment, il vous faut choisir et cocher l'affirmation a ou b qui vous correspond le mieux (en fin de questionnaire, vous aurez donc dix cases cochées dans la colonne de droite).

Choisissez la réponse « a » ou « b » pour chacune des 10 propositions	Cochez ici
1. a – Vous ressentez d'emblée de la sympathie (ou de l'antipathie) pour quelqu'un selon sa façon de penser.	
b – Vous jugez les gens sur leurs actes, leurs résultats et non sur leur mode de pensée.	X
2. a – Vous éprouvez un grand plaisir à jouer avec des enfants.	X
b – Jouer avec des enfants vous demande un certain effort.	
3. a – Vous avez besoin de vous sentir apprécié(e) pour être bien avec les autres.	X
b – Vous mettez une distance respectueuse entre vous et les autres.	
4. a – Vous pensez que sans amour, la vie ne vaut pas d'être vécue.	X
b – Vous estimez que l'amour, c'est important, mais pas essentiel.	
5. a – Vous compatissez aux malheurs d'autrui.	X
b – Vous ne comprenez pas ceux qui se mettent dans des situations impossibles.	
6. a – Vous aimez manger.	X
b – Vous pensez que manger, c'est s'alimenter.	
7. a – Vous ressentez souvent le besoin de voir vos amis.	X
b – Vous voyez vos amis de temps à autre, vous n'avez pas besoin d'eux.	

8. a – Il vous faut du temps pour prendre une décision importante.	
b – Hésiter ne sert à rien, l'important, c'est d'agir.	
9. a – Vous avez tendance à vous attacher à tout le monde, même aux personnes peu sincères et les séparations vous sont douloureuses.	
b – Les séparations ne vous perturbent pas trop, elles font partie de la vie.	
10. a – Le charme et l'harmonie des lieux où vous vivez ou travaillez sont très importants pour vous.	
b – Un lieu agréable est un lieu bien équipé et pratique.	

Comptabilisez le nombre de a et de b que vous avez cochés.

Vous avez plus de « a » : vous faites plus fonctionner votre cerveau limbique

Le cerveau limbique gère les aspects émotionnels et affectifs. C'est grâce à lui que nous ressentons les choses, les personnes, les relations. *Binaire*, il fonctionne sur le mode du « plaisir-déplaisir », « intérêt-désintérêt », « succès-échec », etc., et ce sans nuance ni degré. C'est cette partie du cerveau qui rend possible l'adaptation sociale car elle est à la source de la compréhension de l'autre, du sentiment d'appartenance et d'intégration.

Vous avez plus de « b » : vous faites plus fonctionner votre cerveau cortical

Ce cerveau gère la pensée, la capacité d'abstraction, et par conséquent le langage. C'est grâce à lui que nous pouvons réfléchir, établir des liens ou bâtir des stratégies. Il permet le contrôle des émotions (*cerveau limbique*) et des instincts (*cerveau reptilien*).

2. L'analyse des questionnaires

En croisant les deux résultats des questionnaires précédents, vous connaissez votre type mental parmi les quatre existants :

- limbique gauche ;
- limbique droit ;
- cortical gauche ;
- cortical droit.

Selon votre type mental, reportez-vous alors au paragraphe A, B, C ou D qui développe les aspects positifs et négatifs de votre forme d'intelligence afin de vous aider à mieux vous connaître.

Dans un second temps, le chapitre suivant (chapitre 2) vous permettra de découvrir en quoi votre type mental correspond (ou ne correspond pas) aux tâches à accomplir (savoir-faire) des métiers du soin et de la santé.

Remarque : si vous avez obtenu un score quasiment identique pour les deux hémisphères ou pour les cerveaux limbique et cortical, prenez en compte les deux types mentaux issus du croisement (par exemple : en cas d'égalité entre les deux hémisphères gauche et droit, lisez les analyses du limbique gauche et du limbique droit).

A – Type mental « limbique gauche » : le bon sens

Votre intelligence est fondée sur les faits, rien que les faits. Seul ce que vous voyez (ou touchez, sentez, etc.) est traité par votre cerveau. Cette forme d'intelligence vous donne une personnalité carrée, concrète et rigoureuse, plutôt *portée vers l'humain* (aspect limbique).

Aspects positifs

– Vous agissez avec *méthode*, vous avez un sens aigu de l'*organisation* et vous savez ainsi faire preuve d'*efficacité*.

– En cas de problème, vous analysez la situation avec *objectivité* et trouvez des solutions *réalistes* et pleines de bon sens.

– Discipliné(e), vous vous pliez sans difficulté à une *réglementation* et vous veillez à agir sans faire d'erreur.

Aspects négatifs

– Vous avez un bon esprit d'*analyse* (avec un sens du détail développé) mais vos qualités de synthèse sont plus faibles (vous avez du mal à voir les situations dans les « grandes lignes »). De ce fait, il vous est difficile d'envisager les choses à long terme : vous vous trouvez plus à l'aise en vivant au présent, dans l'immédiat.

– Ancré(e) dans vos *habitudes*, vos méthodes, vous n'appréciez pas la remise en question et le changement.

– Vous pouvez même passer de la rigueur à la *rigidité* quand il s'agit d'appliquer une procédure...

B – Type mental « limbique droit » : l'intelligence du cœur

Vous fonctionnez plutôt à l'émotion, à l'affectif, à l'intuition. Votre cerveau prend en compte ce que vous ressentez et pas nécessairement les informations concrètes que vous délivrent vos cinq sens. Ce qui importe pour vous, ce sont les sentiments, la vie et les rapports humains.

Aspect positifs

– Vous êtes *attentif(ve)* aux autres. Vous ressentez leurs demandes et leurs besoins. Vous vous mettez facilement à leur place.

– Vous avez plaisir à être à l'*écoute* des personnes et à rendre service.

– Sociable, vous avez *l'esprit d'équipe* et le sens de la solidarité.

Aspects négatifs

– Vous ne voulez déplaire à personne : vous avez du mal à trancher et à prendre la décision qui s'impose.

– Pour vous, l'important est ce qui est dit (ce qui n'est pas nécessairement vrai) : vous écoutez sans doute ni soupçon. Et il vous arrive parfois de faire preuve de *naïveté* et de croire l'incroyable...

C – Type mental « cortical gauche » : la logique

Votre type mental est rationnel, logique, théorique : vous savez raisonner. Lorsque vous avez un objectif en tête ou que vous voulez résoudre un problème, vous êtes capable d'élaborer une parfaite stratégie, avec méthode et ténacité, en prenant un maximum de paramètres en compte. Mais attention, l'être humain n'est pas qu'un simple paramètre...

Aspects positifs

– Votre logique vous permet d'*analyser* une situation avec *objectivité*, de « faire la part des choses » entre ce qui est important et ce qui ne l'est pas. Vous ne vous « noyez » pas dans les détails.

– Vous êtes capable de vous fixer des *objectifs* avec les moyens d'y parvenir.

– Vous savez contrôler vos émotions : vous êtes ferme et constant(e) dans vos décisions, pour une grande efficacité de fonctionnement.

Aspects négatifs

– Vous êtes peu affecté(e) par vos émotions et vous estimez qu'il en est de même pour tout le monde : vous évaluez et organisez selon un *mode rationnel*, sans tenir compte du ressenti des autres, sans écouter personne.

– Vous recherchez l'*efficacité* : vous risquez de heurter les sensibilités, d'échouer dans vos négociations et de rencontrer des problèmes (humains) que vous n'aviez pas envisagés.

D – Type mental « cortical droit » : l'imagination, la créativité

À la fois axé(e) sur la réflexion-stratégie (cortical) et sur l'imagination-synthèse (hémisphère droit), votre intelligence vous permet de comprendre rapidement une situation sans avoir besoin d'aller dans les détails. En outre, vous êtes créatif(ve). Vous vous intéressez à tout, particulièrement à ce qui est en devenir, en mouvement.

Aspects positifs

– Vous rebondissez facilement sur un problème ou une situation en percevant immédiatement les *opportunités*, les possibilités et les solutions nouvelles à apporter.

– Vous mettez en *action* ce que vous proposez.

– Vous savez *réagir* et vous *adapter* à différentes situations.

Aspects négatifs

– Vous êtes plus à l'aise dans l'*abstrait* que dans le concret : vous avez du mal à bien gérer les contraintes de la réalité. Vous êtes plutôt *mal organisé(e)* et vous n'aimez pas tout ce qui concerne le quotidien, la gestion ou la logistique.

– Vous préférez *inventer* qu'appliquer : vous n'appréciez pas de vous soumettre à des règles et fonctionnez plutôt en *indépendant* qu'en équipe.

Chapitre 2

Les formes d'intelligence dans le sanitaire et le social

Dans les métiers du sanitaire et du social, le professionnel cherche à maintenir ou à compenser partiellement ou totalement une diminution de l'autonomie d'une personne ou à stimuler l'autonomie (et le bien-être) de l'enfant. Il doit prendre en compte la personne dans sa globalité, en tant qu'être humain (respect, dignité, pudeur, culture, religion, etc.) et en tant qu'être fragilisé (soit par la maladie, soit par l'âge). L'approche rationnelle, objective, « empathique » nécessite les quatre formes d'intelligence étudiées dans le chapitre précédent à des degrés divers. C'est ce que nous allons voir ci-après.

LES MOTS-CLÉS

Bon sens – objectivité – raisonnement théorique – sens pratique – capacité d'analyse – capacité de réflexion – capacité de synthèse – affectivité – créativité

1. Les compétences liées à l'intelligence

« *Réfléchir avant d'agir* » est l'une des règles d'or des professions du sanitaire et du social. En effet, toute action doit être réalisée en fonction de nombreux paramètres.

Par exemple : faire un soin, c'est aussi prendre soin de la personne, de sa pathologie, mais également de sa pudeur, de ses habitudes, de ses croyances et de l'environnement (éventuel appareillage, heure du soin, présence ou non des proches, etc.).

Les qualités de réflexion sont surtout de :

- *A : rester objectif pour observer* (pour apprécier l'état clinique et les réactions d'une personne, savoir si son état s'améliore ou se dégrade) ;
- *B : bavoir raisonner pour adapter l'acte de soin* (l'analyse théorique est nécessaire pour mesurer, comparer, associer les besoins à un soin) ;
- *C : avoir du bon sens pour faire les bons gestes* (être logique et réactif pour réagir vite et bien) ;

• *D : être organisé(e) pour fonctionner en équipe* (l'esprit d'équipe est une qualité primordiale du professionnel) ;
• *E : imaginer pour accompagner* (la créativité est utile au soignant afin de surprendre, distraire et amuser le patient).

A – Rester objectif pour observer

L'objectivité est la capacité à donner une représentation exacte de la réalité, sans jugement de valeur, sans analyse personnelle ou préjugé. *C'est la qualité la plus appréciée chez un soignant* car l'observation permet de saisir toute modification de l'état de santé (physique ou psychologique) et d'alerter.

Par exemple, le soignant doit être capable de :
• identifier les signes de détresse, de mal-être ou de douleur chez l'adulte, l'enfant ou chez le nouveau-né (ce qui demande un œil particulièrement averti et attentif) ;
• repérer les changements physiques ou psychologiques qui pourraient indiquer une dégradation de l'état clinique d'un patient ;
• identifier les capacités psychomotrices et psychoaffectives de l'enfant ainsi que son degré d'autonomie ;
• repérer les risques de maltraitance chez l'enfant...

SITUATION

OBSERVER, C'EST COMPRENDRE

Noémie est auxiliaire de puériculture dans une crèche. L'après-midi, après la sieste, les enfants font des jeux. Noémie les surveille. Mais son rôle d'observation est particulièrement actif. Elle doit évidemment veiller à ce que les enfants s'épanouissent harmonieusement et évoluent dans de bonnes conditions de sécurité. Elle est aussi attentive à la façon dont les enfants jouent. Parfois, des enfants parlent à leurs jouets et miment de situations : ils laissent en vérité apparaître leurs préoccupations profondes. Alors Noémie écoute attentivement ce qui est dit. Puis elle en parle avec la puéricultrice. Celle-ci pourra informer les parents du message (manques, besoins, etc.) que l'enfant fait passer au travers du dialogue avec son jouet...

Fig. 1

B – Savoir raisonner pour adapter l'acte de soin

Le soignant doit savoir analyser la situation pour adapter au mieux le soin, le matériel ou l'activité aux patients ou aux enfants.

Par exemple, le soignant doit être capable de :

• utiliser des instruments de mesure, des échelles de mesure et réaliser des courbes de surveillance ;

• choisir le matériel adapté aux soins ;

• analyser les capacités de l'enfant par rapport à son niveau de développement et ses potentialités...

SITUATION

ADAPTER L'ACTE DE SOIN AU PATIENT

Madame G., 80 ans, est hospitalisée pour une fracture du col fémoral. Son état osseux et musculaire n'est pas bon et elle souffre de pertes d'équilibre. L'équipe de soins évalue son degré d'autonomie grâce à une cible spécifique (voir fig. 2[1]).

Les aides-soignants, dans leur travail quotidien, adaptent les soins selon les recommandations des cadres de santé, pour que Madame G. évolue rapidement vers l'état d'autonomie noté en pointillé.

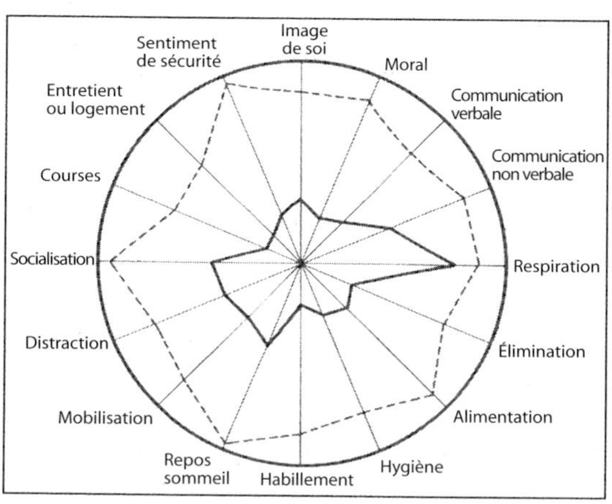

Fig. 2

1. *Cf. Guide de l'aide-soignant* de J.Gassier, E. Peruzza et K. Le Neurès, Masson, Paris, 2009.

C – Avoir du bon sens pour faire les bons gestes

Le bon sens est une qualité importante dans les métiers sanitaire et sociaux. Il permet de trouver la solution de soin la plus simple et de rester cohérent face aux patients.

Par exemple, le soignant doit être capable :

- d'installer un patient en tenant compte de ses besoins, de sa pathologie, de son handicap, de sa douleur et de ses différents appareillages médicaux ;
- d'adapter le soin à l'état de la personne et à ses habitudes de vie...

SITUATION

CHERCHER LE BON GESTE

Monsieur F. est totalement handicapé. Il ne peut pas se déplacer seul. L'aide-soignante Christelle doit l'aider à se déplacer sans pouvoir compter sur un effort personnel de Monsieur F. Il lui faut réfléchir afin de choisir le moyen le plus approprié pour soulever son patient sans risquer de le faire tomber ou de tomber elle-même. Pas la peine de le soulever : Monsieur F. est corpulent. Elle peut essayer de le faire pivoter puis glisser en s'aidant du poids de son corps. En fait, Christelle opte pour l'utilisation d'un lève-personne qui lui permettra d'accomplir sa tâche avec un minimum d'effort physique pour un maximum de sécurité.

D – Être organisé(e) pour fonctionner en équipe

Le fonctionnement en équipe impose un sens certain de l'organisation car chaque soignant s'organise en fonction du travail de l'autre, et avec des objectifs communs.

Par exemple, le soignant doit être capable :

- d'organiser sa propre activité en tenant compte de la planification de l'ensemble des activités du service ;
- d'organiser et prioriser son activité pour répondre aux besoins d'un groupe de personnes ;
- d'utiliser les outils de planification du service pour organiser sa propre activité...

SITUATION

PLANIFIER POUR COORDONNER LES SOINS EN ÉQUIPE

Dans la maternité des Bleuets, on pratique la planification des soins. C'est une méthode de travail permettant de regrouper l'ensemble des soins afin de faciliter leur gestion, selon les compétences de chaque professionnel de santé.

Les outils utilisés sont le dossier de soin et la planification murale.

La planification murale est réactualisée en équipe et permet de réajuster le projet de soins de la personne. On y trouve la liste des soins requis pour une personne et une codification pour identifier la catégorie professionnelle concernée par la réalisation du soin.

E – Imaginer pour accompagner

La capacité à inventer et imaginer est intéressante particulièrement dans les activités liées à l'éveil de l'enfant et à l'animation dans les crèches ou auprès des personnes âgées dans les maisons de retraite.

Par exemple, le soignant doit être capable :

- d'élaborer ou contribuer à l'élaboration de projets éducatifs ;
- de proposer, initier, animer et adapter des activités d'éveil et des jeux pour favoriser le développement et l'autonomie de l'enfant et faciliter sa sociabilisation ;
- de proposer des activités contribuant à maintenir l'autonomie de la personne âgée et à créer du lien social...

SITUATION

IMAGINER POUR ANIMER

Laura travaille dans une halte-garderie. Comme tous les matins, elle organise deux activités en même temps pour que chaque enfant puisse choisir celle qu'il préfère. Mais chaque matin est différent, car Laura invente de nombreuses activités d'éveil (musicales, phonétiques, motrices, des jeux de groupe, des jeux à jouer seul, des jeux de mots, des jeux pour rire, etc.). L'enthousiasme que Laura met à créer ses animations se retrouve dans le regard des enfants quand ils jouent.

Fig. 3

2. Votre profil dans le secteur sanitaire et social

Il s'agit maintenant d'analyser vos atouts pour travailler dans le secteur sanitaire et social au regard de votre forme d'intelligence, forme définie dans le chapitre précédent.

Vos atouts seront à mettre en valeur lors de votre entretien.

A – Votre forme d'intelligence : « limbique gauche »

Vos atouts

– Votre sens des *réalités* et de l'*organisation* est véritablement un atout dans ce domaine professionnel où vous serez appelé(e) à travailler en équipe, à réaliser de nombreuses actions, et à surtout ne rien oublier ! Il faut donc avoir, comme vous, « les pieds sur terre » et être *méthodique* en vue d'une bonne efficacité.

– Votre *précision* et votre *rigueur* sont essentielles, particulièrement en matière d'hygiène, de sécurité et de respect des règlementations.

– Votre *volonté de travail* est à mettre en avant car les charges de travail dans le milieu hospitalier sont lourdes.

Les points à améliorer

– Attention à ne pas rester « *bloqué(e)* » sur des détails car vous risquez de perdre de l'énergie et du temps.

– En cas de difficulté, essayez de *prendre du recul* : il s'agit de « voir les choses de loin » pour relativiser votre situation.

– Adaptez-vous aux changements. La vie est une succession de changements : de professeurs, de disciplines, de méthodes d'enseignement, de copains, de rentrée scolaire, de déménagements. Plus tard, au niveau professionnel, vous vivrez des changements d'équipe, des mutations, de règlementations, etc. Ne vous enfermez pas dans une routine qui vous rendrait difficile à gérer le moindre imprévu.

Nos conseils pour l'entretien

– Mettez en valeur vos atouts, à savoir : votre sens des réalités et de l'organisation, votre précision, votre rigueur et votre volonté :

• en l'affirmant (par exemple : « je suis organisé ») ;

• en le prouvant (par exemple : « je fais partie d'une association sportive de ma ville et nous organisons des événements le week-end »).

– Lorsque vous aurez à développer une notion professionnelle ou une explication personnelle, veillez à rester clair(e) et synthétique, en allant « droit au but » (ne vous perdez pas dans les détails).

B – Votre forme d'intelligence : « limbique droit »

Vos atouts

– Votre intelligence est d'abord *relationnelle* et capte avant tout l'être humain : vous êtes par nature *sensible* aux réactions et émotions de chacun, et par conséquent, parfaitement adapté(e) pour œuvrer au bien-être d'autrui, petits ou grands !

– Votre *sens du dialogue* permet aux personnes fragilisées de se sentir écoutées, comprises et considérées.

– Vous avez *l'esprit d'équipe*, vous savez aider, encourager, mais aussi *gérer des conflits* et renforcer la cohésion du groupe.

– Votre bonne *résistance au stress* et aux changements est à souligner car les métiers de la santé et du social soumettent bien souvent les nerfs à rude épreuve.

Les points à améliorer

– Toujours disponible pour écouter ou dialoguer avec autrui, vous avez du mal à bien *gérer votre temps.* N'oubliez pas que les métiers du sanitaire et du social requièrent de l'organisation !

– La rigueur s'apprend : forcez-vous à agir, travailler avec le plus de *minutie* et de *précision* possible. Prenez le temps d'aller dans les détails.

Nos conseils pour l'entretien

– Mettez en valeur vos atouts, à savoir : votre sens de la relation humaine, votre sens du dialogue, votre esprit d'équipe, votre résistance au stress :

• en l'affirmant (par exemple : « j'ai l'esprit d'équipe ») ;

• en le prouvant (par exemple : vous êtes à l'aise à l'entretien et êtes particulièrement attentif(ve) à ce que dit le jury).

– Soyez le(la) plus concret(e) possible. Ne parlez pas que d'affectif et de sentiments, mais aussi de faits réels et d'actions que vous avez réalisées.

C – Votre forme d'intelligence : « cortical gauche »

Vos atouts

– Vous savez *raisonner.*

– Vous êtes *méthodique.*

– Vous avez un bon *contrôle de vos émotions,* ce qui est important dans le secteur de la santé (voir chapitre 4 « La gestion des émotions dans le sanitaire et social », page 27).

– Vous êtes *consciencieux(se),* vous avez le goût du travail bien fait : on peut compter sur vous. La fiabilité est une qualité importante dans le secteur sanitaire et social (voir chapitre 11 « La fiabilité dans le secteur sanitaire et social », page 82).

Les points à améliorer

– Essayez d'être plus *attentif(ve) aux autres.* Sans le faire exprès, vous pouvez vous montrer blessant(e), indifférent(e) et glacial(e) alors que les métiers du sanitaire et du social requièrent finesse, attention et chaleur. Notez que l'attention portée à autrui fait partie des qualités fondamentales des métiers du secteur sanitaire et social....

– Restez *humain(e).* N'oubliez pas que techniques et technologies sont des outils au service de l'homme et pas le contraire !

Nos conseils pour l'entretien

– Mettez en valeur vos atouts, à savoir : votre logique, votre méthode, votre contrôle des émotions et votre fiabilité :

• en l'affirmant (par exemple : « je suis méthodique ») ;

• en le prouvant (par exemple : « je m'occupe de la trésorerie d'une association de quartier »).

– Préparez bien les raisons de votre motivation (voir partie 7 « Exprimez votre motivation », page 125) : si le jury détecte que vous n'avez pas particulièrement le « goût des autres », vous allez devoir argumenter pour défendre votre légitimité à travailler dans le secteur du sanitaire et du social.

Remarque

Si vous avez cumulé un grand nombre de points dans ce profil « cortical gauche », nous vous conseillons de réfléchir avec précision à votre orientation. Vous risquez peut-être de ne pas vous épanouir dans tous les métiers du sanitaire et du social (tels que infirmier(ère), aide-soignant(e), auxiliaire de puériculture, etc.). Vous êtes plus à l'aise avec les chiffres qu'avec les êtres, avec la technique qu'avec le dialogue : pourquoi ne pas envisager des métiers liés à la santé susceptibles d'exploiter vos qualités de rationalité et de méthode. Par exemple : laborantin(e), préparateur(trice) en pharmacie, diététicien(ne), etc.

D – Votre forme d'intelligence : « cortical droit »

Vos atouts

– Vous vous *adaptez* avec facilité aux changements et aux imprévus. C'est un atout pour les métiers de la santé et du social, car vous serez appelé à gérer des changements de rythmes, d'horaires ou d'équipes.

– Grâce à votre *imagination* et votre créativité, vous pouvez captiver les petits et étonner les plus grands en inventant des jeux et en innovant par des propositions ou des actions originales.

Les points à améliorer

– Essayez d'être plus *organisé(e)* dans votre travail, car l'organisation permet l'efficacité dans ces métiers où il faut travailler vite et bien !

– Ne négligez pas les détails car ces petits riens composent la réalité (pensez au proverbe : « les petits ruisseaux font les grandes rivières »).

– Attention : les métiers du sanitaire et du social sont des métiers d'équipe[1]. Votre tempérament indépendant s'épanouira-t-il au sein d'une collectivité ? Si vous le pensez, musclez votre « esprit d'équipe » en passant le BAFA, par exemple, pour apprendre les règles du groupe et façonner votre personnalité dans cette direction.

Nos conseils pour l'entretien

– Mettez en valeur vos atouts – facilités d'adaptation, imagination – soit en le disant (par exemple : « je suis créative »), soit en le prouvant (par exemple : « je fais de la peinture et je vends mes toiles sur les marchés »).

– Soyez aussi concret(e) que possible et exposez des faits.

1. Notons ici que même les aides à domicile (AVS) font partie d'une équipe à qui elles doivent rendre des comptes. Elles sont en contact non seulement avec leur responsable, mais aussi avec de nombreux professionnels de santé qui concourent aux soins de la personne aidée (aide-soignant, infirmier, kinésithérapeute, etc.).

➜ Votre synthèse n° 1

Cet espace vous est dédié. Faites le point sur les principaux atouts et/ou points d'améliorations que cette première partie vous a permis de préciser.

Argumentez vos **atouts** (qualités) en puisant dans votre **expérience** (souvenir personnel ou expérience professionnelle) afin de pouvoir les justifier lors de l'entretien, devant le jury.

Inscrivez vos points d'améliorations et les moyens concrets que vous allez mettre en place pour progresser.

Cette synthèse facilitera votre analyse pour la dernière partie « Exprimer sa motivation » qui traite du travail de préparation à l'entretien.

VOS ATOUTS

- Atout n° 1 :

....

....

Expérience personnelle

....

....

....

- Atout n° 2 :

....

....

Expérience personnelle

....

....

....

- Atout n° 3 :

....

....

Expérience personnelle

....

....

....

VOS POINTS D'AMÉLIORATION

- Point faible n° 1 :

....

....

Moyens concrets d'amélioration

....

....

....

- Point faible n° 2 :

....

....

Moyens concrets d'amélioration

....

....

....

- Point faible n° 3 :

....

....

Moyens concrets d'amélioration

....

....

....

PARTIE 2

Évaluer sa gestion des émotions

Chapitre 3

Votre émotivité

Les émotions sont liées à l'affectif et aux sentiments : c'est ce que l'on ressent. Elles s'opposent à la raison et l'objectivité. La gestion des émotions est importante dans le secteur de la santé et du social, où l'on est confronté au quotidien à des événements forts, tels que la naissance, la mort ou la souffrance.

Ce chapitre permet de répondre à deux questions :

- êtes-vous dirigé(e) plutôt par vos émotions ou bien par votre raison ?
- en cas de crise ou de moments particulièrement difficiles, de quelles façons vos émotions vont-elles intervenir ?

1. Le questionnaire pour mieux vous connaître

Ce questionnaire dure moins de cinq minutes. Il se compose de 40 affirmations. Cochez dans la colonne de droite celles qui vous correspondent.

Cochez les affirmations qui vous correspondent	Cochez ici
1. d – Vous ne pouvez pas oublier les personnes qui vous ont fait souffrir.	X
2. c – Vous êtes mal à l'aise face à un inconnu.	X
3. b – Vous avez été somnambule dans l'enfance.	
4. d – Vous êtes affecté(e) par la plus petite critique.	X
5. c – Vous arrivez très en avance de peur de rater le train.	X
6. d – Vous avez l'air hautain, voire méprisant, disent vos proches.	
7. a – Vous ne fixez pas longtemps le regard des autres, vous avez tendance à regarder ailleurs.	X
8. a – Vos mains sont généralement soit glacées, soit moites.	X
9. d – Vous souffrez de maux de tête.	
10. c – Vous passez une nuit blanche ou presque la veille d'un examen (ou d'un entretien).	X
11. a – Vous perdez vos moyens et bafouillez quand vous devez parler de vous.	X
12. c – Vous avez mal au cœur en voiture.	
13. b – Vous vous comparez systématiquement à vos amis et trouvez qu'ils sont plus beaux, plus intelligents, plus...	X

14. b – Vous préférez faire vos devoirs seul(e) plutôt qu'à plusieurs.	
15. c – Vous êtes stressé(e) à l'idée de pouvoir faire une erreur.	X
16. b – Vous avez parfois l'impression d'avoir déjà vécu ce que vous vivez.	X
17. c – Vous perdez confiance en vous dès que vous devez parler à plus de deux personnes.	
18. a – Votre cœur bat « à 100 à l'heure » dans de nombreuses situations.	X
19. a – Vous vous mettez facilement à rougir et à bafouiller.	
20. c – Vous craignez souvent qu'il vous arrive quelque chose de négatif, par exemple, de tomber malade ou d'être attaqué.	X
21. b – Vous ne ressentez pas de désirs sexuels ardents.	
22. d – Vous êtes soit « fan » absolu, soit « anti » star.	
23. b – Vous êtes conciliant(e) avec tout le monde.	X
24. a – Vous êtes sujet aux fous rires sans véritable raison.	X
25. a – Vous avez déjà vécu une crise de nerf ou de tétanie.	X
26. d – Vous êtes l'ainé(e) ou l'enfant unique.	
27. d – Vous avez déjà fait le cauchemar de vous retrouver nu ou presque devant des gens.	X
28. c – Vous avez peur des chats ou ils vous mettent mal à l'aise.	
29. c – Il y a une partie de votre physique qui ne vous plaît pas du tout.	X
30. c – Vous redoutez plus l'oral que l'écrit d'un examen.	X
31. a – Vous ressentez souvent de la honte.	
32. b – Vous pensez que vous avez eu de la chance lorsque vous réussissez.	X
33. b – Vous avez déjà eu la sensation d'être spectateur de la vie et de vous-même.	
34. a – Vous ne supportez pas les chatouilles, au point d'en perdre le contrôle de vous-même.	X
35. d – Il vous est arrivé de trahir un secret pour vous rendre intéressant(e).	
36. b – Vous n'allez pas aux fêtes alors que vous y êtes invité(e).	
37. b – Vous ne participerez jamais à un jeu télévisé, même si l'on vous paye pour cela.	
38. a – Vous avez parfois la désagréable sensation de vous sentir observé(e.)	X
39. d – On vous a demandé souvent de vous taire lorsque vous étiez enfant.	
40. d – Vous vous sentez souvent différent des autres et cela vous isole.	X

Ce questionnaire donne lieu à deux analyses, exposées dans les paragraphes suivants :

- la première analyse du questionnaire : le degré d'émotivité ;
- la seconde analyse du questionnaire : le type d'émotivité.

2. La première analyse du questionnaire

Comptez le nombre de « a » que vous avez coché.

A – Vous avez coché moins de 6 « a » : vous avez un bon équilibre entre le rationnel et l'émotionnel

– Vous avez une bonne conscience de vous-même et de l'influence que vous pouvez avoir sur votre entourage.

– Vous avez une bonne conscience de ce qui vous entoure. Quand vous prenez des *risques*, c'est de *manière réfléchie*.

– Vous maîtrisez vos émotions : vous avez du *self-control* et vous réagissez avec *sang-froid* dans des situations critiques.

– Vous êtes capable de vous mettre à la place des autres et de ressentir leur vécu (*empathie*[1]).

– Vous faites preuve de *patience et de calme* dans les moments pénibles ou avec des personnes difficiles à gérer.

– Vous êtes plutôt *optimiste* dans la vie.

8 B – Vous avez coché plus de 6 « a » : vos émotions ont tendance à vous diriger

– Vous agissez en fonction de ce que vous ressentez et non pas de ce que vous savez.

Par exemple : vous avez le sentiment qu'une personne ne vous aime pas, mais rien dans les faits vient corroborer votre sensation.

Autre exemple : vous paniquez dans une situation qui mériterait d'agir avec calme.

– Vos émotions peuvent compliquer une prise de décision rationnelle.

Par exemple : vous n'arrivez pas à suivre le planning de révisions que vous vous êtes fixé alors que rien ne vous en empêche.

3. La seconde analyse du questionnaire

Si vous avez coché plus de 6 « a », ce paragraphe vous concerne particulièrement.

À quoi sert le type d'émotivité ?

Si vous avez coché moins de 6 « a » : le type d'émotivité n'est pas une information importante pour votre profil. Votre type d'émotivité vous apporte juste quelques indications sur votre comportement en situation de faiblesse (stress, fatigue, etc.) et non pas au quotidien.

---

1. Empathie : cette notion sera étudiée en détail dans le chapitre suivant, traitant de la sociabilité.

> *Si vous avez coché plus de 6 « a » :* le type d'émotivité vous renseigne sur votre façon de gérer vos émotions au quotidien.
>
> Comptez maintenant le nombre de « b », de « c » et de « d » que vous avez coché afin de découvrir quel est votre type d'émotivité.

A – Vous avez une majorité de « a » : vous êtes du type « hypersensible »

– Vous ressentez tout plus intensément que la moyenne.

Par exemple : vous pouvez déborder de joie au point d'embrasser tout le monde. Inversement, vous pouvez ressentir une extrême douleur pour une banale vexation.

– Vous êtes malade à l'idée de paraître en public (ou devant des inconnus) car vous craignez d'être maladroit(e), pire encore, ridicule ou critiqué(e). Dès lors, vous perdez vos moyens et bafouillez, rougissez, pleurez sans raison...

– Les contacts humains sont pour vous une source possible de souffrances. Vous appréhendez ou vous évitez donc soigneusement certaines personnes ainsi que toutes les nouvelles situations qui pourraient vous mettre en danger.

B – Vous avez une majorité de « b » : vous êtes du type « indifférent »

– Il existe peu de choses qui vous touchent. Le regard des autres *vous indiffère* et les critiques comme les compliments vous laissent de glace. Les autres vous voient comme quelqu'un de discret, mais en fait vous *ne vous impliquez pas* dans leur vie.

– Vous avez tendance à vous *dévaloriser* : vous vous sentez inférieur(e) à tout le monde et vous ne vous autorisez pas à prendre place dans un groupe. Vous vous mettez « hors course » de vous-même et de fait, vous préférez la solitude à la compagnie.

– Vous ne vous battez pas pour obtenir ce que vous voulez. *Peu persévérant(e),* vous renoncez facilement. Vous n'aimez pas ce qui est compliqué.

C – Vous avez une majorité de « c » : vous êtes du type « angoissé »

– Vous vous attendez toujours au pire. Vous vivez dans l'*angoisse* qu'un malheur arrive. De ce fait, tout pour vous est une source d'inquiétudes.

Par exemple : vous êtes particulièrement *méfiant(e)* en début de relation avec quelqu'un car vous craignez d'être jugé(e).

Pour apaiser votre anxiété, vous vous créez une *routine* (des habitudes, des actes identifiés) qui vous rassure, un petit monde (d'amis, de connaissances) que vous estimez sans danger.

D – Vous avez une majorité de « d » : vous êtes du type « agressif »

– Vous êtes « *meneur* » et vous cherchez à *dominer* les autres, soit en étant le(la) meilleur(e), soit en critiquant. Vous vous imposez avec arrogance et ne craignez pas de déplaire pourvu que vous soyez le(la) plus fort(e).

– Vous tenez tête, n'avez pas peur de *provoquer* l'autre et allez volontiers au *conflit*. Vous avez toujours le dernier mot, sinon vous partez et boudez dans votre coin.

– Vous pouvez prendre des risques importants sans bien en évaluer les conséquences et vous mettre (ou mettre les autres) en danger.

– Vous n'êtes pas sûr(e) de vous. Vous avez peur de ne pas être à la hauteur. Vous souhaiteriez n'avoir aucun défaut et vous n'êtes jamais assez bien à vos propres yeux.

Chapitre 4

La gestion des émotions dans le sanitaire et le social

Le travail auprès de personnes fragiles ou fragilisées intègre une grande richesse émotionnelle.

Il existe les émotions « positives » nées de la vie et des contacts avec les autres. Mais il y a aussi des émotions plus pénibles à vivre, qui sont liées à la souffrance, la déchéance ou la mort...

De plus, le travail en équipe et les horaires de travail accroissent la fatigue et le stress, et rendent l'émotion encore plus difficile à gérer.

Or, il est essentiel de rester maître de soi pour aider l'autre (aussi bien que pour se protéger).

Le jury, lors de votre entretien, sera attentif à votre maîtrise de vous-même et à d'éventuelles réactions excessives.

Les mots-clés

Sang-froid – contrôle de soi – maîtrise de soi – prudence - discernement – prise de risques calculée – patience – calme – optimisme – modération – distance professionnelle

1. Les compétences liées à la gestion des émotions

Tout soignant est soumis à des situations lourdes émotionnellement et il est impératif qu'il soit et reste professionnel en toutes circonstances.

Pour ce faire, il doit :

- *A : faire preuve de sang-froid et de discernement* afin de réagir d'une façon rationnelle face à des situations bouleversantes ;
- *B : faire preuve de calme, de modération et de patience* afin de trouver la « bonne distance professionnelle » par rapport à des réactions humaines extrêmes.

A – Faire preuve de sang-froid et de discernement

Être maître de soi, c'est ne pas être dépassé par ses émotions. Cela permet de conserver ses moyens et son objectivité pour réagir en appliquant les règles et les méthodes de la profession.

Par exemple, le soignant doit :

• aux urgences : repérer les principaux symptômes du patient et alerter à bon escient ;

• en service de soins en présence d'un patient contagieux : gérer la prévention (chaque geste est important) et se garder de montrer toute appréhension face au risque ;

• face à une situation de maltraitance : éviter de porter un jugement et rester prudent (un enfant qui a des bleus n'est pas nécessairement un enfant maltraité, il faut d'abord en informer le cadre de santé et surveiller précisément le caractère répétitif de la situation) ;

• lors du suivi de l'état clinique d'un patient : discerner avec calme le caractère urgent d'une situation (dégradation soudaine des signes vitaux) ;

• dans toutes les situations : être capable de donner l'alerte calmement mais très rapidement ;

• face à la douleur : observer les signaux de la douleur et écouter la plainte de la personne avec beaucoup d'attention afin d'opérer une prise en charge adaptée.

SITUATION

ACCOMPAGNER LA DOULEUR

Martin, 3 ans, est hospitalisé en chirurgie. Il appelle Zohra (auxiliaire de puériculture) en pleurant. Il lui dit qu'il a mal au ventre. Zohra lui parle pour le rassurer. Elle observe son rythme respiratoire. Elle est attentive à son visage, à ses éventuels tremblements ou crispations musculaires. La douleur de Martin semble importante. Elle alerte la puéricultrice et conserve les mains posées sur lui, en attendant que la médication qui lui a été administrée produise son effet apaisant.

B – Faire preuve de calme, de modération et de patience

Les soignants ne doivent jamais entrer dans une situation de conflit. C'est l'une des règles d'or du secteur sanitaire et social.

Dans ces métiers, il est inadmissible de s'emporter et d'interpréter les réactions d'agressivité des patients ou des enfants comme étant des attaques personnelles.

Il est impératif que le professionnel sache prendre du recul pour garder son calme en toutes circonstances. En effet, le calme désamorce le conflit.

Par exemple, le soignant doit être capable de :

• avec un patient : comprendre et savoir gérer son agressivité (c'est un être qui vit mal sa maladie, qui a peur de mourir) ;

• avec ses collègues : savoir gérer les conflits qui peuvent surgir entre des personnes au caractère très différent (malentendus, rivalités, etc.) ;

• avec un patient en fin de vie : trouver la bonne attitude et la bonne distance (être ni trop investi[e], ni trop indifférent[e]) ;

• en cas de décès du patient : comprendre les réactions de déni, de colère et d'agressivité que peut manifester la famille.

SITUATION

COMPRENDRE UN MALADE PARTICULIER

Jocelyn est aide-soignant dans un service de cardiologie. Depuis hier, la chambre 28 est occupée par Monsieur Y., hospitalisé pour une angine de poitrine. Monsieur Y. doit passer de nombreux examens afin de soulager ses problèmes cardio-vasculaires et subir des soins. Il est désagréable avec le personnel médical, utilise un vocabulaire déplacé, ne facilite pas les soins, refuse de s'alimenter sous prétexte que les menus de l'hôpital sont immangeables. Tout le service parle de lui ! Mais Jocelyn sait bien que Monsieur Y. vient brutalement d'être confronté à la douleur et à sa propre mort. Cette violence cache la plus grande des peurs : la peur de mourir. S'il lui arrivait la même chose, Jocelyn ne sait pas comment lui-même réagirait.

REMARQUE

UN TEST PROFESSIONNEL POUR VÉRIFIER SON BON ÉQUILIBRE ÉMOTIONNEL

Pour conserver un bon équilibre émotionnel dans le cadre professionnel, les soignants sont invités à régulièrement se remettre en question et à réfléchir sur leur comportement avec les patients et les enfants. Ils peuvent effectuer le test du *burn out*[1] qui permet de vérifier le degré de fatigue ou de saturation afin d'anticiper toute réaction négative.

2. Votre profil dans le secteur sanitaire et social

Il s'agit maintenant d'analyser vos atouts pour travailler dans le secteur sanitaire et social au regard de votre équilibre émotionnel, selon l'ordre des analyses du questionnaire du chapitre précédent :

• A : vous avez un bon équilibre entre le rationnel et l'émotionnel ;

1. Cf. *Guide de l'AS* de J.Gassier, E. Peruzza et K. Le Neurès, Editions Masson, Paris, 2009.

• B : vos émotions ont tendance à vous diriger. Vous pouvez appartenir à l'une des quatre catégories suivantes :
- A. type hypersensible,
- B. type indifférent(e),
- C. type angoissé(e),
- D. type agressif(ve).

A – Vous avez un bon équilibre entre le rationnel et l'émotionnel

C'est le profil idéal pour les professionnels du secteur sanitaire et social.

Vos atouts

– Vous savez gérer vos émotions.

Par exemple : un enfant se blesse, un adolescent fait une crise de colère, un patient débute un incident cardiaque : vous ne cédez pas à la panique, vous ne vous laissez pas dépasser par vos émotions de peur ou de peine, vous conservez vos moyens intellectuels pour réfléchir vite et trouver la solution adaptée (il s'agit en général de donner l'alerte le plus rapidement possible).

– Vous arrivez à entretenir avec vos collègues et votre hiérarchie des rapports stables. Vous n'êtes pas à la source des conflits s'il y en a.

– Enfin, vous arrivez à gérer la fatigue, les horaires décalés, le stress quotidien du travail sans que cela ne perturbe profondément votre équilibre personnel.

Nos conseils pour l'entretien

– Lors de votre entretien, vous allez faire la démonstration de la gestion des émotions ! Vous aurez comme tout le monde (ou presque) le trac, mais ayez confiance en vous. Montrez bien à vos interlocuteurs que vous gardez votre *sang-froid*, en veillant à parler distinctement et calmement, avec le visage et les mains détendus.

B – Vos émotions ont tendance à vous diriger

D'après les analyses du questionnaire, et à ce jour, l'équilibre émotionnel n'est pas votre point fort. Vous pouvez néanmoins acquérir cet équilibre progressivement.

Il faut savoir qu'un mauvais équilibre émotionnel peut être problématique pour les métiers du secteur sanitaire et social car il faut être capable de réagir vite et bien en toutes circonstances.

Par exemple : un soignant, débordé par l'émotion, peut être paralysé par la peur alors qu'il faudrait donner l'alerte.

Mais n'oubliez pas : si vous êtes attiré(e) par les métiers du secteur sanitaire et social en connaissance de cause (c'est-à-dire que vous savez en quoi consiste ces métiers), c'est que vous avez en vous la capacité de les exercer. Alors donnez-vous toutes les chances de réussir le concours d'entrée !

Les paragraphes suivants analysent les réactions en milieu professionnel selon votre type d'émotivité (analyse du questionnaire du chapitre 3) et vous apportent des conseils pour vous améliorer et/ou pour bien passer votre entretien.

a. Vous êtes du type hypersensible

Vous avez tendance à ressentir chaque événement de façon amplifiée : certains métiers peuvent mettre votre sensibilité à rude épreuve.

Par exemple : il faut savoir que dans le cadre d'un hôpital, les soignants sont confrontés au quotidien au fonctionnement physiologique du corps (excréments, sang, etc.) et à ses dysfonctionnements (maladies, accidents, etc.).

Néanmoins, si vous êtes animé(e) par une forte motivation, vous dépasserez ces difficultés et vous gagnerez en force et en courage au fil du temps.

Pour vous améliorer

L'hypersensibilité peut s'atténuer si vous vous forcez à affronter vos peurs et vos répulsions.

Il est donc indispensable que vous multipliez les stages en milieu professionnel, d'une part pour affirmer votre motivation, et d'autre part pour vous confronter à vos limites émotionnelles et les repousser.

Par exemple : la vue du sang vous bouleverse : plus vous verrez de plaies, de blessures, de prises de sang, plus vous avez de chance de vous habituer et donc de repousser les limites de votre répulsion.

Notre conseil

Passez le brevet des premiers secours en plus de vos stages afin de confronter vos émotions à des situations d'urgence. De plus, cela rassurera le jury lors de votre entretien.

Enfin, pour mieux vivre votre hypersensibilité, apprenez à mieux respirer et à exprimer vos sensations et sentiments par le dialogue ou par l'écrit.

Par exemple : pendant vos stages d'observation, tenez un journal de bord et écrivez vos sensations au quotidien... et vos progrès ainsi que vos victoires sur vous-même !

Nos conseils pour l'entretien

- Faites du sport ou de l'exercice physique la veille.
- Respirez profondément avant d'entrer dans la salle.
- Exprimez-vous calmement et distinctement.
- Contrôlez votre respiration (respirez à fond quand vous le pouvez, cela vous permettra de reprendre la maîtrise de vos émotions).
- Sachez éventuellement mettre des mots sur vos émotions (avouer son stress apaise !).
- Témoignez de votre bonne connaissance du métier.
- Préparez bien les arguments de votre motivation (voir partie 7, page 125).

b. Vous êtes du type indifférent(e)

Les métiers de la santé et du social sont des métiers utiles : vous aidez des personnes qui ont besoin de vous, qui comptent sur vous. Vous qui manquez d'estime pour vous-même, ce rôle important et positif auprès des autres peut vous aider à mieux vous accepter et vous valoriser à vos propres yeux.

Vos atouts

– Vous avez le *recul* nécessaire pour affronter des situations difficiles émotionnellement sans être désagréable pour l'autre et sans souffrance psychologique pour vous.

Les points à améliorer

– Les métiers du sanitaire et du social reposent en grande partie sur votre capacité à être *attentif aux autres* : les observer, les écouter, les comprendre.

L'indifférence crée de la distance. Elle peut vous empêcher de bien faire votre métier (par exemple : vous pouvez ne pas prendre en compte des informations importantes pour écouter et observer le patient, et de ce fait, ne pas répondre à ses besoins).

Il est donc indispensable de faire entrer autrui dans votre vie.

Nos conseils

– Multipliez les stages en milieu professionnel afin de bien confirmer votre motivation.

– Apprenez à prendre soin de quelqu'un (par exemple : un grand-père, une voisine, un petit neveu). Forcez-vous à connaître ses goûts, son histoire et cherchez les moyens de lui faire plaisir.

Nos conseils pour l'entretien

– Vous avez tendance à plus parler de vos défauts que de vos qualités, de vos échecs que de vos succès et donc à vous dévaloriser. Ce penchant, lors de l'entretien, peut véritablement vous désavantager. Alors, avant l'entretien, notez tous vos points forts et les qualités que cet ouvrage vous aura permis de mettre en lumière. Le jour « J », ne regardez pas les autres candidats (vous risqueriez de les trouver mieux que vous et de vous sentir inférieur(e)). Veillez à ne penser qu'aux points positifs que vous avez notés.

– Témoignez de votre bonne connaissance du métier.

– Préparez bien les arguments de votre motivation (voir partie 7, page 125).

c. Vous êtes de type angoissé

Votre tempérament angoissé peut vous empêcher d'exploiter votre potentiel et d'utiliser pleinement vos qualités et vos atouts. L'angoisse est un frein à l'épanouissement.

Comment expliquer le choix d'un métier du secteur sanitaire et social :

Certains métiers du secteur sanitaire et social pourraient convenir à votre type d'émotivité et vous permettre d'évoluer sereinement :

• vous avez besoin d'un monde relativement protégé et de repères fixes pour vous épanouir. Le milieu hospitalier, par exemple, est clairement hiérarchisé, l'organisation y est plutôt bien définie et le rôle de chacun précisément établi. Vous pouvez donc trouver facilement vos marques ;

• timide, vous avez peur de la critique et du jugement des autres. Dans les métiers de la santé et du social, vous êtes au service de l'autre, vous lui apportez une aide, un soutien. Ces actions « positives » facilitent un contact « positif » avec l'autre (respect, écoute, considération), ce contact n'est pas fondé sur le rapport de force ou la compétition (jugement, disqualification).

Nos conseils pour l'entretien

– Un entretien risque d'être une source d'angoisse pour vous. Il est important que vous preniez du temps pour le préparer et le répéter devant des amis (ou la famille). Vous devez vous familiariser au maximum avec cet exercice de manière à ne pas être paralysé(e) par le trac par exemple.

– Pour l'entretien, comme pour votre vie en général, apprenez à vous relaxer par la respiration. Ne ratez aucune occasion de vous détendre (piscine, marche à pied, vélo, yoga, etc.).

– Témoignez de votre bonne connaissance des métiers sanitaires et sociaux.

– Préparez bien les arguments de votre motivation (voir ci-dessus et partie 7).

d. Vous êtes de type agressif

Vous masquez votre peur de ne pas « être à la hauteur » par des réactions arrogantes. L'arrogance ou l'agressivité sont des qualités intéressantes pour des métiers commerciaux par exemple. Mais comme vous l'avez compris, dans le secteur sanitaire et social, ce ne sont pas des qualités appréciées...

Pourquoi choisir les métiers du secteur sanitaire et social

Ces métiers, au contraire, peuvent vous donner l'occasion de vous montrer tel que vous êtes, de développer votre sens de l'écoute et d'entretenir avec vous-même de meilleures relations...

Les points à améliorer

– Une des règles d'or des métiers sanitaires et sociaux, nous l'avons vu, est de ne jamais créer ou alimenter de conflits. Il vous faut donc impérativement maîtriser votre tendance à l'agressivité.

Nos conseils

– Faites de l'expression corporelle ou même artistique (cours de peinture, par exemple), car vous avez certainement besoin d'extérioriser (et donc de libérer) vos tensions et il faut apprendre à canaliser votre énergie.

– Multipliez les stages en milieu professionnel afin de vous confronter à la réalité de ces métiers, au stress et aux éventuelles difficultés relationnelles qu'ils intègrent et afin de bien confirmer votre motivation,

– Pensez aux autres, faites les « entrer dans votre vie ». Choisir d'évoluer dans le secteur de la santé et du social, c'est placer la dignité de l'autre au cœur de son système, et non soi-même.

– Apprenez à prendre soin de quelqu'un, un grand-père, une voisine, un petit neveu. Forcez-vous à connaître ses goûts, son histoire, et cherchez les moyens de lui faire plaisir.

Nos conseils pour l'entretien

– Relaxez-vous la veille ou le matin (si l'entretien est l'après-midi).

– Respirez profondément et buvez un verre d'eau fraîche (pour rester calme) avant d'entrer dans la salle.

– Exprimez-vous calmement et distinctement.

– Évitez de vous mettre au centre du débat, de trop parler vous. Attention : durant l'entretien, c'est votre capacité à prendre en compte l'autre qui va être analysée !

– Témoignez de votre bonne connaissance des métiers sanitaires et sociaux.

– Préparez bien les arguments de votre motivation (voir partie 7).

→ VOTRE SYNTHÈSE N° 2

Cet espace vous est dédié. Faites le point sur les principaux atouts et/ou points d'améliorations que cette deuxième partie vous a permis de préciser.

Argumentez vos atouts en vous en puisant dans votre expérience (souvenir personnel ou expérience professionnelle) afin de pouvoir les justifier lors de l'entretien.

Inscrivez vos points d'améliorations et les moyens concrets que vous allez mettre en place pour progresser.

Cette synthèse facilitera votre analyse pour la dernière partie « Exprimer sa motivation » qui traite du travail de préparation à l'entretien.

VOS ATOUTS

- Atout n° 1 :

....

....

Expérience personnelle

....

....

....

- Atout n° 2 :

....

....

Expérience personnelle

....

....

....

- Atout n° 3 :

....

....

Expérience personnelle

....

....

....

VOS POINTS D'AMÉLIORATION

- Point faible n° 1 :

....

....

Moyens concrets d'amélioration

....

....

....

- Point faible n° 2 :

....

....

Moyens concrets d'amélioration

....

....

....

- Point faible n° 3 :

....

....

Moyens concrets d'amélioration

....

....

....

PARTIE 3

Évaluer sa sociabilité

Chapitre 5

Votre sociabilité

La sociabilité est la capacité à vivre avec les autres. Pendant l'entretien, votre sociabilité sera étudiée car cette qualité est importante dans les métiers du sanitaire et du social. En effet, travailler au service d'autrui suppose d'être à l'aise et de mettre à l'aise l'entourage. La sociabilité permet de créer du lien entre les individus, point fondamental pour encadrer des personnes fragiles ou fragilisées.

Ce chapitre va vous permettre de découvrir votre « degré » de sociabilité, mais aussi vos points forts et points faibles dans les cinq composantes qui se cachent derrière ce terme et que vous allez découvrir maintenant.

1. Le questionnaire pour mieux vous connaître

Ce questionnaire se compose de 50 propositions et dure moins de cinq minutes. Vous devez choisir entre deux comportements (toujours positifs), parfois proches, celui qui vous correspond le mieux.

Au final, vous devez obtenir 50 croix.

Il est important que vous fassiez ce test rapidement, sans trop réfléchir, pour que vos réponses reflètent ce que vous êtes et non pas ce que vous voudriez être !

À vous de « jouer » !

Vous êtes plutôt....	Cochez ici	Ou plutôt...	Cochez ici
B. Fidèle à vos engagements		E. Constant(e) dans vos objectifs	
A. Convivial(e)		B. Lié par solidarité aux autres	
C. Peu enclin à vous vexer		B. Disposé(e) à rendre service	
B. Fidèle à vos engagements		A. Convivial(e)	
D. Imaginatif(ve)		B. D'un naturel confiant	
E. Constant(e) dans vos objectifs		B. Sensible à ce que vivent les autres	
B. Fidèle à vos engagements		D. Au courant de tout	
C. Calme et serein		B. D'un naturel confiant	
B. Sensible à ce que vivent les autres		D. Imaginatif(ve)	
A. Enthousiaste		B. Lié par solidarité aux autres	

Vous êtes plutôt....	Cochez ici	Ou plutôt...	Cochez ici
B. Sensible à ce que vivent les autres		C. Calme et serein	
B. D'un naturel confiant		E. Constant(e) dans vos objectifs	
C. Calme et serein		B. Fidèle à vos engagements	
B. Disposé(e) à rendre service		A. Enthousiaste	
E. Organisé(e)		B. D'un naturel confiant	
B. Fidèle à vos engagements		D. Capable de facilement pardonner	
D. Imaginatif(ve)		B. Disposé(e) à rendre service	
C. Optimiste		B. Lié par solidarité aux autres	
A. Convivial(e)		B. Sensible à ce que vivent les autres	
D. Capable de facilement pardonner		B. Disposé(e) à rendre service	
B. Disposé(e) à rendre service		E. Constant(e) dans vos objectifs	
B. D'un naturel confiant		A. Convivial(e)	
E. Organisé(e)		B. Fidèle à vos engagements	
B. Sensible à ce que vivent les autres		A. Enthousiaste	
D. Capable de facilement pardonner		B. Sensible à ce que vivent les autres	
B. Disposé(e) à rendre service		C. Optimiste	
D. Imaginatif(ve)		B. Lié par solidarité aux autres	
B. Fidèle à vos engagements		C. Optimiste	
A. Enthousiaste		B. D'un naturel confiant	
B. Lié par solidarité aux autres		D. Au courant de tout	
A. D'un naturel joyeux		B. Disposé(e) à rendre service	
B. D'un naturel confiant		C. Optimiste	
C. Peu enclin à vous vexer		B. Sensible à ce que vivent les autres	
A. D'un naturel joyeux		B. Fidèle à vos engagements	
B. Disposé(e) à rendre service		D. Capable de facilement pardonner	
D. Au courant de tout		B. D'un naturel confiant	
C. Calme et serein		B. Lié par solidarité aux autres	
B. Sensible à ce que vivent les autres		A. D'un naturel joyeux	

Vous êtes plutôt....	Cochez ici	Ou plutôt...	Cochez ici
C. Peu enclin à vous vexer		B. D'un naturel confiant	
B. Sensible à ce que vivent les autres		E. Réfléchi(e)	
B. Lié par solidarité aux autres		A. D'un naturel joyeux	
D. Au courant de tout		B. Disposé(e) à rendre service	
D. Capable de facilement pardonner		B. Lié par solidarité aux autres	
E. Organisé(e)		B. Sensible à ce que vivent les autres	
B. Lié par solidarité aux autres		E. Constant(e) dans vos objectifs	
B. Lié par solidarité aux autres		C. Peu enclin à vous vexer	
D. Capable de facilement pardonner		B. D'un naturel confiant	
B. Fidèle à vos engagements		E. Réfléchi(e)	
B. Disposé(e) à rendre service		E. Organisé(e)	
C. Peu enclin à vous vexer		B. Fidèle à vos engagements	

2. La première analyse du questionnaire

Comptabilisez le nombre de « B » que vous avez coché. Multipliez-le par 2.
Par exemple, vous obtenez 21 « B ». $21 \times 2 = 42$.
Vous obtenez alors votre pourcentage, appelé « indice », de sociabilité (ici : 42 %).
Reportez-vous maintenant à la section qui intègre votre résultat :

- A : votre indice est inférieur à 35 % ;
- B : votre indice est compris entre 35 et 65 % ;
- C : votre indice est supérieur à 65 %.

A – Indice inférieur à 35 % : l'adaptation à une équipe peut être difficile

Aspects positifs

– Vous ne craignez pas d'être seul(e) et de travailler seul(e). Vous êtes indépendant(e) et autonome.

– Vous recherchez avant tout l'efficacité et vous établissez seul(e) vos propres directives. Vous n'appréciez pas que l'on organise votre planning à votre place ou que l'on vous surveille.

– Vous avez besoin de vous sentir libre pour être performant(e).

Aspects négatifs

– Vous attachez plus d'importance aux résultats qu'aux relations humaines.

– Vous avez des difficultés à intégrer une équipe car vous vous soumettez mal au mode de fonctionnement collectif, aux règles du groupe.

– À la moindre critique, vous vous braquez et devenez arrogant(e).

– En cas de succès, vous avez tendance à vous mettre en valeur et à récolter seul(e) fruits et compliments.

B – Indice compris entre 35 % et 65 % : vous aimez le travail en équipe

Aspects positifs

– Vous êtes capable de travailler en équipe. Vous savez vous adapter, respecter les règles d'un groupe.

– Vous êtes toujours prêt(e) à aider les autres, donner de votre temps à la collectivité pour permettre d'avancer les choses. Vous avez tendance à faire confiance aux autres.

– Vous voyez avec discernement que l'on peut difficilement mélanger la camaraderie et le travail à effectuer. Ce n'est pas parce que l'on travaille en équipe que l'on peut oublier de respecter le planning et les procédures.

Aspects négatifs

– C'est difficile de bien équilibrer les exigences du travail et les besoins de l'équipe. Il faut veiller à instaurer un climat agréable au sein du groupe, et parallèlement, effectuer son travail vite et bien. Alors vous vous retrouvez parfois dans une position trop chaleureuse avec les autres au dépend de votre travail ou trop « professionnelle » et froide au dépend du relationnel.

C – Indice supérieur à 65 % : vous avez besoin de travailler en équipe

Aspects positifs

– Vous avez besoin d'évoluer dans un groupe, de vous sentir intégré(e) dans une équipe, de faire partie d'une « famille » professionnelle. Le travail en équipe, c'est la possibilité de discuter, confronter ses idées, prendre des décisions en commun.

– C'est le groupe qui vous motive et vous donne envie de vous dépasser.

Aspects négatifs

– Vous essayez de rendre tout le monde d'accord afin de conserver la cohésion de l'équipe. Vous y mettez beaucoup d'énergie et vous y passez beaucoup de temps. Cela peut perturber votre efficacité dans le travail.

– En ne pensant que « collectif », vous ne tenez pas compte des initiatives et des réflexions individuelles, ce qui peut être démotivant pour les autres.

3. La seconde analyse du questionnaire

Vous connaissez désormais votre indice de sociabilité. Afin de mieux vous connaître, nous vous proposons de découvrir maintenant les cinq facultés qui composent la sociabilité et de voir celles qui constituent votre profil.

Les cinq facultés de la sociabilité :

- l'empathie : c'est la capacité à s'identifier à une personne afin de ressentir ce qu'elle ressent ;
- l'esprit d'équipe : c'est la facilité à se sentir solidaire des autres ;
- le dévouement : c'est la faculté à s'intéresser à l'autre et à avoir le goût de l'aider ;
- la loyauté : c'est le sens de l'honnêteté et de la fidélité à l'autre, à des valeurs, à un engagement ;
- la confiance : c'est la faculté à croire en la bienveillance de l'autre, c'est un optimisme envers l'autre.

Le calcul des composantes de votre sociabilité

Comptabilisez maintenant le nombre de fois que vous avez coché les propositions notées « B » suivantes :

- « d'un naturel confiant » ;
- « disposé(e) à rendre service » ;
- « fidèle à vos engagements » ;
- « lié par solidarité aux autres » ;
- « sensible à ce que vivent les autres ».

Ces cinq propositions révèlent cinq facultés qui sont analysées dans les paragraphes suivants :

- A : « sensible à ce que vivent les autres » : l'empathie ;
- B : « lié par solidarité aux autres » : l'esprit de solidarité ;
- C : « disposé(e) à rendre service » : le dévouement ;
- D : « fidèle à vos engagements » : la loyauté ;
- E : « d'un naturel confiant » : la confiance.

Lisez attentivement, dans les cinq paragraphes suivants, les parties correspondant à vos résultats.

A – L'empathie

Vous avez coché plus de cinq propositions « sensible à ce que vivent les autres »

– Vous avez cette faculté de comprendre les autres avec votre tête mais aussi votre cœur.

– Vous ne jugez personne.

– Vous écoutez avec attention la parole de l'autre et intervenez avec justesse.

Vous avez coché moins de cinq propositions « sensible à ce que vivent les autres »

– Vous n'êtes pas toujours attentif(ve) aux besoins des autres. Vous avez parfois du mal à être à leur écoute.

– Vous éprouvez par rapport aux gens qui vous entourent plus d'indifférence que d'intérêt.

B – L'esprit de solidarité

Vous avez coché plus de cinq propositions « lié par solidarité aux autres »

– Vous savez assurer la cohésion d'un groupe car vous êtes consensuel(le) : vous êtes capable de trouver un terrain d'entente pour des personnes très diverses aux avis opposés.

– L'autre ne représente pas un danger pour vous, mais plutôt un ami, un frère, une sœur ou un père. Vous vous sentez solidaire, liés par l'obligation morale de ne nuire à personne et le devoir d'aider.

Vous avez coché moins de cinq propositions « lié par solidarité aux autres »

– Vous êtes plutôt axé(e) sur des valeurs personnelles, individuelles. Vous ne vous sentez pas particulièrement solidaire des autres. L'entraide et la camaraderie ne sont pas indispensables à votre vie.

– Néanmoins, dans un groupe, vous avez votre rôle à jouer car vous êtes capable de gérer les conflits avec efficacité.

C – Le dévouement

Vous avez coché plus de cinq propositions « disposé(e) à rendre service »

– Vous avez tendance à venir en aide aux autres naturellement. C'est un réflexe.

– Vous avez tendance à faire passer les intérêts des autres avant les vôtres.

Vous avez coché moins de cinq propositions « disposé(e) à rendre service »

– Si vous venez en aide aux autres, c'est d'une façon réfléchie, avec un objectif ou une attente à la clé.

– Vous faites passer volontiers vos propres intérêts avant celui des autres ou celui de l'équipe dans laquelle vous êtes.

D – La loyauté

Vous avez coché plus de cinq propositions « fidèle à vos engagements »

– Vous respectez les autres.

– Quand vous vous êtes fixé une règle, vous vous y tenez. Quand vous avez fait une promesse, vous l'honorez (vous avez « une parole »).

Vous avez coché moins de cinq propositions « fidèle à vos engagements »

– Vous n'avez pas une éthique (une morale) très rigoureuse. Vous tenez vos engagements, mais si l'on vous propose autre chose... Vous promettez, mais il vous arrive d'oublier... Vous suivez des règles de fonctionnement, mais si vous pouvez faire plus simple, parfois...

– À l'excès, vous pouvez même être opportuniste et ne voir que votre intérêt au dépend du collectif.

E – La confiance

Vous avez coché plus de cinq propositions « d'un naturel confiant »

– Vous n'avez pas d'*a priori* négatifs sur les autres. Vous faites preuve de tolérance.

– Vous accordez votre confiance spontanément (quitte à être déçu[e] par la suite).

– Vous avez tendance à vous confier facilement.

– À l'excès, vous pouvez vous comporter d'une façon « naïve » qui pourrait vous faire souffrir par la suite...

Vous avez coché moins de cinq propositions « d'un naturel confiant »

– Vous êtes plutôt prudent(e) avec les autres, on ne sait jamais à qui l'on a affaire...

– Vous n'avez ni préjugé négatif ni positif, mais « dans le doute, abstiens-toi ».

– Vous ne faites de confidence qu'aux personnes que vous connaissez vraiment. Vous restez réservé(e) et sur vos gardes.

Chapitre 6

La sociabilité dans le sanitaire et le social

Le jury va tenter d'établir à travers ce que vous exprimez (langage verbal) mais aussi ce que vous montrez (langage non verbal) si vous êtes sociable ou non. Il est évident qu'un(e) candidat(e) ayant des difficultés à établir un contact avec autrui sera pénalisé(e).

Pour mettre en valeur vos atouts à l'entretien, nous vous proposons ici de comprendre l'importance de la sociabilité dans le milieu professionnel, c'est-à-dire ce que l'on attend de vous, en fonction de votre profil de sociabilité. Vous trouverez aussi des conseils pour atténuer vos points faibles et vous valoriser lors de l'entretien.

LES MOTS-CLÉS

Empathie – esprit d'équipe – dévouement – loyauté – confiance – tolérance – solidarité – respect

1. Les compétences liées à la sociabilité

Le soignant doit avoir le désir de s'intéresser à l'humain dans sa globalité. Le soin est un moyen de traiter à la fois une maladie (ou une fragilité) et une personne (adulte ou enfant).

Ainsi, il est demandé au soignant de :

- A : savoir travailler avec l'équipe de soignants ;
- B : faire preuve d'empathie au quotidien ;
- C : être tolérant(e) quelles que soient la personne et la situation.

A – Savoir travailler avec l'équipe de soignants

Les métiers du sanitaire et du social s'effectuent d'une façon générale au sein d'une structure collective. Ainsi, le savoir-vivre ensemble (la sociabilité) est important. Le fonctionnement collectif nécessite une bonne cohésion. Cette cohésion n'existe que si chaque employé est impliqué dans la bonne gestion du groupe. Elle requiert le sens du collectif.

Les métiers du secteur sanitaire et social exigent un travail en collaboration : un collectif de personnes travaille dans le même sens pour répondre aux besoins des personnes. Cela suppose de réels échanges entre les soignants, réalisés dans un respect mutuel.

Par exemple, le soignant doit être capable :

- d'élaborer en commun un projet de soin ou d'animation ;
- de respecter les objectifs communs ;
- de se répartir les activités (de soins ou d'éveil) entre chaque membre de l'équipe ;
- d'assurer la transmission d'informations de ce qu'il a vu, perçu ou réalisé.

SITUATION

COOPÉRER AU SEIN D'UNE ÉQUIPE

Martine est infirmière cadre supérieur de santé dans un centre de rééducation fonctionnelle. Elle travaille sous la direction d'un médecin qui réalise les prescriptions médicales. Elle applique ces prescriptions et réalise la prise en charge des patients avec deux autres infirmières et avec l'aide d'une équipe d'aides-soignants afin d'assurer les soins 24 heures sur 24. Martine coordonne le travail de l'équipe de soins qui intègre aussi deux masseurs-kinésithérapeutes[1] et un orthoprothésiste[2].

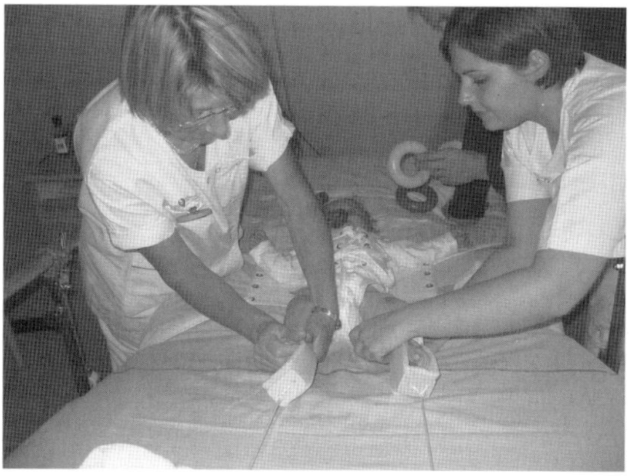

Fig. 4

B – Faire preuve d'empathie au quotidien

L'empathie est la capacité à se mettre à la place de l'autre et percevoir ce qu'il ressent. C'est un terme que vous serez amené à rencontrer souvent au cours de votre carrière dans le secteur sanitaire et social car c'est l'une des qualités fondamentales exigées des professionnels de ce secteur.

1. Le masseur-kinésithérapeute prévient l'altération des capacités fonctionnelles, concourt à leur maintien et à leur rétablissement lorsqu'elles sont altérées.

2. L'orthoprothésiste réalise des prothèses afin de redonner une autonomie à des patients porteurs d'un handicap moteur.

Par exemple, il est important :

- d'être attentif à la souffrance d'un patient ;
- d'être attentif à la culture, aux habitudes de vie, aux valeurs du patient, ainsi qu'aux valeurs de sa famille, afin de respecter au mieux l'identité de chacun ;
- d'offrir une écoute bienveillante car elle permet d'instaurer un lien de sympathie et elle réduit les distances entre les individus : il s'agit de regarder l'autre, le toucher afin de lui communiquer l'émotion ressentie à l'intérieur de soi et lui parler (reformuler ce que le patient a dit, lui assurer qu'il a bien été « écouté ») ;
- de respecter la pudeur du patient car il est d'abord un être humain avant d'être un malade, et il mérite toute notre considération.

SITUATION

EFFECTUER AVEC TACT UN PREMIER SOIN D'HYGIÈNE

Noémie, aide-soignante, doit effectuer un premier soin d'hygiène sur Carlos, un adolescent hospitalisé en chirurgie pédiatrique. Cette rencontre nécessite tact et respect de la pudeur car l'adolescent se montre sur la défensive. Noémie sait que si elle ne prend pas d'abord le temps de faire connaissance, le jeune homme va vivre ce soin comme une intrusion, voire une agression. Elle commence par lui poser des questions sur son état général. Elle l'écoute attentivement, en hochant la tête, en ponctuant le monologue d'un « je comprends », « je vois » et en reformulant ce qu'elle vient d'entendre. Elle lui explique la façon dont va se dérouler le soin. Elle l'informe aussi de la fréquence des soins et lui explique comment il va progressivement recouvrer son autonomie. Elle se positionne comme une accompagnante, professionnelle et respectueuse du patient, sur la voie du rétablissement.

C – Être tolérant(e)

Le soignant ne doit pas avoir de préjugés sur les patients et/ou sur les enfants.

Les préjugés peuvent modifier la façon d'appréhender un patient, ce qui est strictement non professionnel. Il est du devoir du soignant d'aborder chaque malade ou chaque enfant comme un être humain à part entière, doté de droits identiques à tous.

Par exemple :

- il est important que les soignants sachent rester neutres sur les questions de cultures, de valeurs et de religions de chacun ;
- il faut s'interdire de juger les causes de la maladie, telles que l'alcoolisme ou l'usage de drogues ;
- il faut éviter de culpabiliser les patients ;
- dans les crèches, haltes-garderies et maternités : il faut réussir à concilier sa propre éducation avec l'éducation des parents sans porter de jugement de valeur...

Situation

Accueillir avec empathie Mme X. aux urgences

Madame X. arrive aux urgences. Elle a été victime de violences conjugales. Constantin l'accueille. L'équipe de soignants effectuent les premiers soins, Constantin (IDE) lui demande ensuite si elle souhaite porter plainte. Elle refuse. Constantin, enfant, a lui-même été témoin de violences envers sa mère. La situation n'est pas neutre pour lui. Il lutte contre lui-même pour ne pas argumenter sur les bénéfices d'une plainte, pour ne pas juger cette femme, ou encore pour conserver une distance professionnelle alors qu'il a envie de la protéger. Heureusement, Constantin a de l'expérience. Il va l'accompagner doucement à prendre la décision qui sera acceptable pour elle, même si elle n'est pas acceptable pour lui.

D – Être loyal

Les métiers de la santé et du social sont des métiers à forte éthique car ils concernent des personnes vulnérables.

Par exemple :

• tous les soignants sont tenus au secret professionnel, cadre moral imposé pour l'exercice de la profession. Ils jurent de respecter leurs patients et leur vie privée ;

• le soignant signe avec l'établissement ou l'organisme qui l'embauche un contrat, mentionnant des articles de déontologie, c'est-à-dire les règles et les devoirs professionnels à respecter ;

• le soignant doit respecter des règles précises d'hygiène et de sécurité. Il est important pour l'employeur d'avoir la certitude que le personnel soignant applique scrupuleusement ces modalités, très utiles dans le cadre de la prévention.

Situation

Le respect des droits du patient hospitalisé (loi du 4 mars 2002)

Le patient a droit au respect de :

• *sa vie privée* (son courrier, sa religion, son droit à l'anonymat, etc.) ;

• *ses goûts,* exception faite pour tout ce qui peut nuire à sa santé (par exemple : l'alcool ou le tabac) ;

• *sa dignité* : par exemple, tous les moyens de contention (par exemple : attachement au lit) ;

• *sa responsabilité* : il doit être informé de son état de santé et peut donner son avis sur le traitement et les examens, ou son consentement aux soins ;

• *ses droits de fin de vie et sa demande de soulagement de la douleur* : le patient peut être amené à exprimer ses dernières volontés au personnel de santé. Celui-ci devra les prendre en compte et les transmettre (par exemple : demande d'un représentant du culte pratiqué, souhait du don d'organes, etc.).

2. Votre profil dans le secteur sanitaire et social

Il s'agit maintenant d'analyser vos atouts pour travailler dans le secteur sanitaire et social au regard de votre degré de sociabilité. Selon votre profil, vous découvrirez aussi des conseils pour vous améliorer et pour vous présenter à votre avantage lors de l'entretien.

Selon vos réponses au questionnaire du chapitre 5, reportez-vous au paragraphe qui vous correspond :

- A : vous avez un faible indice de sociabilité ;
- B : vous avez un indice équilibré/fort.

A – Vous avez un faible indice de sociabilité

Votre profil, *a priori*, vous définit comme étant individualiste et peu porté(e) vers la vie en collectivité.

Vos atouts

Certains métiers sanitaires et sociaux requièrent de l'indépendance et exigent de savoir travailler seul. Les métiers d'aide à domicile, par exemple, supposent une grande indépendance. Il en est de même pour les professions qui peuvent être exercées « à son compte », telles que infirmier(e) ou psychologue.

Pour vous améliorer

Si vous avez un fort taux « d'empathie » (réponse au questionnaire page 42) et/ou de « loyauté », vous possédez les « bases » de la vie en collectivité. Essayez de développer votre « esprit de solidarité » et de muscler votre « dévouement ».

Par exemple : vous pouvez passer votre BAFA pour être animateur dans des colonies de vacances ou intégrer une association en tant que bénévole pour comprendre et vous familiariser avec les règles du groupe.

Notre conseil : créez du lien social (*cf.* page suivante)

MÉTHODE POUR CRÉER[1] DU LIEN SOCIAL

Le lien social est ce qui « rattache » à l'autre. Il est important de savoir créer du lien social dans un service de soin (ou tout autre lieu de travail).

Pour réussir à CRÉER des liens, la démarche suivante est intéressante et mnémotechnique, par les lettres du mot CRÉER. Elle récapitule les qualités de sociabilité requises dans les métiers du sanitaire et du social :

- **C** : se **C**onnaître pour mieux connaître l'autre, c'est apprendre à mieux connaître ses propres défauts, et ainsi mieux tolérer ceux d'autrui ;
- **R** : **R**ejeter les mécanismes d'auto-défense. L'être humain a tendance à vouloir se protéger de l'autre, or il faut être ouvert à autrui ;
- **É** : **É**couter l'autre. L'écoute est la prise en compte de l'existence de l'autre en tant qu'être humain ;
- **E** : **Ê**tre disponible à l'autre. Donner de son temps est la condition pour donner de sa personne, donner un peu de soi à l'autre ;
- **R** : **R**ejeter les masques protecteurs. C'est être authentique, se montrer tel que l'on est.

Nos conseils pour votre entretien

Dans votre attitude, le jury peut ressentir votre faible degré de sociabilité.

Par exemple, si vous avez un comportement méfiant, si vous êtes peu bavard(e), souriant difficilement, vous montrez que vous n'avez pas envie d'échanger (ou que vous avez peur, voir la 4e partie « Évaluer sa gestion des émotions »).

Pour mettre toutes les chances de votre coté, veillez à :

- avoir une attitude « ouverte » :
  - soyez souriant,
  - soyez attentif(ve) aux paroles et aux réactions du jury,
  - regardez dans les yeux chaque personne du jury quand vous parlez ;
- parler concrètement d'une activité que vous avez effectuée en collectivité (par exemple : activité effectuée tous les mercredis dans un centre aéré ou en colonie pendant les vacances scolaires). Cette activité devra faire apparaître un intérêt pour le groupe et donnera au jury la possibilité d'être informé sur une autre facette de vous-même ; cela permettra de vous envisager au-delà de la simple apparence.

B – Vous avez un indice équilibré/fort de sociabilité

Vos atouts

– Vous êtes capable de travailler en équipe et vous avez compris que dans les métiers du secteur sanitaire et social, chaque professionnel est le maillon de la *chaîne du soin* et que tout le monde doit en avoir conscience pour que la chaîne ne soit pas rompue.

1. Extrait de l'ouvrage *Concours d'entrée AS/AP*, Jacqueline Gassier, Editions Masson, Paris, date.

– Vous *échangez* avec joie, vous avez plaisir à rendre service, vous *écoutez* l'autre avec un véritable intérêt et cela transmet à l'autre une chaleur, une humanité essentielle dans un contexte de soin.

Par exemple : dans le cadre du soin aux personnes fragilisées par la maladie (physique ou psychique), c'est le plaisir pris à communiquer avec eux qui leur restitue un peu de leur dignité.

Nos conseils pour votre entretien

– Restez naturel(le), ne laissez pas le trac vous envahir au risque de masquer votre sociabilité. N'oubliez pas de montrer votre *plaisir à échanger*, en souriant et en accordant de l'importance aux paroles et aux réactions du jury.

– Prouvez votre *sociabilité* au moyen d'anecdotes concernant votre vie :

• par vos activités extrascolaires en collectivité. Par exemple : animation de centre aéré, colonie de vacances, etc. ;

• par des anecdotes : la joie que vous avez à vous occuper de votre grand-mère, à faire du baby-sitting, à entretenir de bonnes relations avec votre voisinage, l'importance que vous attachez à une ambiance conviviale dans votre classe en tant que délégué(e) de classe, etc.

3. La mise en valeur de votre sociabilité à l'entretien

Nous allons analyser maintenant les cinq composantes de la sociabilité : l'empathie, l'esprit de solidarité, le dévouement, la loyauté et la confiance, à la lumière des métiers sanitaires et sociaux.

Lors de l'entretien, si l'on vous pose une question telle que : « que pensez-vous du travail en équipe ? », pensez bien à articuler votre réponse autour des cinq composantes pour ne pas oublier un seul de vos atouts en matière de sociabilité.

Mais surtout, ce paragraphe est destiné à vous permettre de puiser dans votre histoire personnelle les anecdotes ou expériences extrascolaires pouvant vous mettre en valeur lors de l'entretien.

A – L'empathie : la qualité fondamentale du professionnel

Nous avons traité de l'importance de l'empathie dans les métiers du sanitaire et du social en page 45. Vous le savez, l'empathie est la prise en compte de l'autre au point de partager ce qu'il ressent. On comprend bien que sans cette qualité, il est difficile de pratiquer avec compétence et facilité les métiers du soin !

Notre conseil pour votre entretien

Témoignez de votre empathie en écoutant avec attention les interventions du jury, en les reformulant éventuellement pour bien montrer que vous avez compris et que vous prenez en compte ce qui est dit. Utilisez des phrases de ce type : « si je vous ai bien compris », « j'ai bien pris note de ce que vous m'avez dit », « vous avez raison de... », « je me rallie à votre point de vue, toutefois je pense que... ».

B – L'esprit de solidarité : utile à la cohésion de l'équipe

Cette qualité est particulièrement intéressante pour les métiers où l'on est amené à travailler sans cesse en équipe. En effet, les personnes dotées de cette qualité deviennent vite le « *ciment du groupe* » en apaisant les tensions et en veillant à instaurer une bonne ambiance au quotidien. C'est particulièrement important dans ces métiers à fort stress, où les relations peuvent être tendues.

Notre conseil pour votre entretien

Témoignez de votre esprit de solidarité en expliquant votre goût de la camaraderie et de la bonne entente entre les personnes.

Par exemple : votre plaisir à organiser des repas en veillant à ce que tout le monde s'accorde bien en jouant un « rôle tampon » pour apaiser les divergences, ou, dans le même esprit, votre travail en tant que délégué(e) de classe, etc.

C – Le dévouement : le naturel au service de l'autre

Cette qualité marque la spontanéité à faire plaisir, à rendre service. Doté(e) de cette qualité, vous donnez de vous-même sans effort, donc sans fatigue inutile. C'est important pour garder la qualité de son relationnel même lorsque les charges de travail sont lourdes.

Notre conseil pour votre entretien

Témoignez de votre dévouement en expliquant le naturel avec lequel vous aidez vos proches et vos amis, voire des inconnus.

Par exemple : une mission que vous avez effectuée bénévolement pour une association à but humanitaire (collectes de vêtements, de nourriture, etc.), votre participation à des animations destinées aux seniors, etc.

D – La loyauté : l'engagement envers autrui

Nous avons déjà traité de l'importance de la loyauté en page 48. La loyauté, ou l'honnêteté, est fondamentale pour tous métiers de contact avec autrui.

Notre conseil pour votre entretien

Témoignez de votre loyauté en exprimant, par exemple, votre attachement à une parole donnée ou à une promesse.

Par exemple : vous vous êtes engagé auprès d'un ami à ne jamais trahir un secret,

Vous vous êtes promis de ne jamais fumer une cigarette ou à ne pas boire d'alcool si vous devez reconduire des amis après une soirée...

E – La confiance : l'optimisme envers autrui

Derrière la notion de confiance se cache le véritable point de vue que vous avez sur les autres. Faire confiance, c'est penser *a priori* que l'autre n'est pas nuisible. Cette conception positive de l'Homme permet des attitudes de bienveillance importantes dans les milieux du soin. À l'inverse, ne pas faire confiance revient à se méfier d'autrui, considéré comme potentiellement nuisible et c'est une attitude répréhensible pour un professionnel de la santé.

Dans la 4e partie « Évaluez votre état d'esprit », nous reviendrons sur cette notion.

Notre conseil pour votre entretien :

Afin de mettre en valeur votre bienveillance et votre optimisme naturels, évitez les formules du type :

- « je n'ai confiance en personne » ;
- « je n'ai confiance qu'en moi-même ».

→ VOTRE SYNTHÈSE N° 3

Cet espace vous est dédié. Faites le point sur les principaux atouts et/ou points d'améliorations que cette 3e partie vous a permis de préciser.

Argumentez vos atouts en vous en puisant dans votre expérience (souvenir personnel ou expérience professionnelle) afin de pouvoir les justifier lors de l'entretien.

Inscrivez vos points d'améliorations et les moyens concrets que vous allez mettre en place pour progresser.

Cette synthèse facilitera votre analyse pour la dernière partie « Exprimer sa motivation » qui traite du travail de préparation à l'entretien.

VOS ATOUTS

- Atout n° 1 :

....

....

Expérience personnelle

....

....

....

- Atout n° 2 :

....

....

Expérience personnelle

....

....

....

- Atout n° 3 :

....

....

Expérience personnelle

....

....

....

VOS POINTS D'AMÉLIORATION

- Point faible n° 1 :

....

....

Moyens concrets d'amélioration

....

....

....

- Point faible n° 2 :

....

....

Moyens concrets d'amélioration

....

....

....

- Point faible n° 3 :

....

....

Moyens concrets d'amélioration

....

....

....

PARTIE 4

Évaluer son état d'esprit

Chapitre 7

Votre optimisme

L'état d'esprit définit la façon dont on aborde les événements, les changements mais aussi les personnes. Prendre la vie du bon côté permet de mieux s'adapter à une situation nouvelle, de s'intégrer plus facilement dans un groupe et de se mettre dans une logique de réussite. Lors de l'entretien, l'état d'esprit va transparaître dans l'attitude du candidat et dans ses réponses concernant l'avenir.

Ce chapitre va vous permettre de découvrir si vous pensez « positif » et comment vous pouvez vaincre vos idées noires.

1. Le questionnaire pour mieux vous connaître

Ce questionnaire se compose de 45 affirmations et dure moins de cinq minutes. Cochez les affirmations qui vous correspondent dans la colonne de droite (pour l'instant, ne prenez pas en compte les lettres inscrites avant chaque affirmation).

Cochez les affirmations qui vous correspondent	Cochez ici
C. Vous vous énervez lorsque vous devez attendre, au cinéma ou chez le médecin.	
C. Vous êtes toujours le(la) premier(ère) à finir le repas.	
A. Vous avez tendance à sursauter au moindre bruit.	
C. Vous faites partie des meilleur(e) de votre classe.	
C. Vous avez des douleurs physiques (mal au ventre, à la tête, etc.) quand rien ne va dans votre vie.	
A. Vous ne prêtez jamais votre lecteur MP4 ou autre objet auquel vous tenez.	
B. Il vous arrive souvent de ne pas répondre à une question car vous étiez perdu(e) dans vos pensées.	
B. Vous êtes toujours très ponctuel(le).	
B. Vous êtes discret(e), même avec les personnes que vous connaissez bien.	
A. Vous cherchez la solitude quand vous n'avez pas bon moral.	
B. Vous fermez la porte à double tour quand vous êtes chez vous	

C. Vous êtes amateur(trice) de films d'horreur.	
A. Vous n'êtes pas très content(e) de vous quand vous repensez à tout ce que vous avez vécu dans les années passées.	
C. Vous êtes très contrarié(e) lorsque l'on vous critique.	
A. Vous trouvez toujours une bonne raison pour refuser les invitations à sortir.	
B. Vous vérifiez plusieurs fois de ne rien avoir oublié avant de sortir.	
B. Vous ne savez pas comment vous comporter en compagnie de personnes que vous ne connaissez pas.	
A. Vous êtes méfiant(e) car vous craignez d'être déçu(e) par les autres.	
C. Vous avez un mauvais caractère.	
B. Vous prenez tout au sérieux, vous manquez parfois d'humour.	
C. Vous utiliserez toutes les méthodes pour ne pas vieillir.	
A. Vous arrivez toujours en avance à vos rendez-vous.	
B. Vous avez tendance à revenir dans les commerces que vous connaissez déjà.	
C. Vous vous sentez en compétition avec les autres.	
C. Vous commencez beaucoup de choses et vous en finissez peu.	
A. Vous attendez des autres des témoignages de leur amitié (ou amour).	
B. Vous êtes souvent inquiet(ète), même pour des choses sans importance.	
B. Vous vous rongez les ongles ou vous faites des cauchemars régulièrement.	
A. Vous avez besoin de beaucoup de temps pour choisir ou décider quelque chose.	
B. Votre journée peut-être gâchée à cause d'un imprévu désagréable (une contravention, un rendez-vous décommandé, etc.).	
A. Vous vous méfiez des flatteries.	
C. Vous arrivez souvent en retard à vos rendez-vous.	
B. Votre petit(e) ami(e) a un côté très « gamin(e) ».	
A. Vous évitez de vous confier de peur d'être trahi(e).	
B. Vous conservez tout, même ce qui n'a pas de valeur sentimentale.	
C. Vous dites souvent « la chose à ne pas dire ».	
A. Vous avez déjà eu plusieurs fois vos vacances gâchées à cause d'une maladie ou d'une blessure survenue juste avant de partir.	
A. « Vous devriez essayer de voir la vie du bon côté », vous fait-on remarquer.	
B. Vous revenez fréquemment dans les commerces pour rendre ou changer ce que vous venez d'acheter.	

A. Vous pensez que jusqu'à aujourd'hui, la chance ne vous a pas vraiment souri.	
A. Vous ressentez un vide ou une tristesse lorsque vous remportez une victoire, dans vos études ou dans votre vie privée.	
C. Vous êtes un(e) lève-tôt.	
B. Vous avez tendance à refaire vous-même les choses que vous aviez déléguées à quelqu'un.	
C. Vous vous organisez toujours un programme chargé pour vos week-ends ou vos vacances.	
C. Vous courrez toujours après vos affaires car vous perdez tout.	

Ce questionnaire donne lieu à deux analyses, exposés dans :

- le paragraphe 2 : le degré d'optimisme ;
- et le paragraphe 3 : les trois sources du pessimisme.

2. La première analyse du questionnaire

Comptez le nombre de croix que vous avez inscrites dans la colonne de droite. Reportez-vous ensuite au paragraphe qui correspond à votre total :

- A : vous avez moins de 16 croix ;
- B : vous avez entre 17 et 26 croix ;
- C : vous avez plus de 27 croix.

A – Moins de 16 croix : vous êtes fait(e) pour le bonheur !

– Vous êtes profondément stable et serein(e).

– Vous possédez un véritable équilibre intérieur qui ne bascule pas au moindre changement ou imprévu.

– Vous savez vivre le moment présent, sans vous angoisser inutilement : vous êtes confiant(e) dans l'avenir.

– Lorsqu'il vous arrive de traverser une période difficile, vous pensez toujours que vous allez vous en sortir, que la vie est parfois constituée de moments pénibles et qu'il faut les vivre le mieux possible, en agissant sur ce qui dépend de vous.

Par exemple : vous avez échoué à un examen : vous ne déprimez pas, vous vous dites que vous allez redoubler de vigilance et de travail pour le réussir la prochaine fois.

B – Entre 17 et 26 croix : vous êtes généralement optimiste

– Vous avez des inquiétudes concernant votre avenir et celui des personnes que vous aimez, mais ces soucis ne vous empêchent pas de vivre. Vos inquiétudes portent sur de petites incertitudes ou incompréhensions du quotidien.

Par exemple : un ami qui ne vous a pas dit bonjour, la nouvelle veste que vous portez, ou également l'entretien que vous allez bientôt passer et pour lequel vous appréhendez les questions

– Face aux changements ou aux imprévus, vous pouvez être déstabilisé(e) sur le moment, mais vous abordez ces situations d'une façon positive. Vous ne vous mettez pas en situation d'échec.

– Dans une période difficile, vous arrivez à gérer vos angoisses et vous puisez dans vos ressources pour trouver des solutions.

C – Plus de 27 croix : vous êtes plutôt pessimiste

Plus vous avez coché d'items, plus votre anxiété peut être gênante.

– La vie et les événements anodins qui la composent sont pour vous une source de fortes inquiétudes. Ces inquiétudes vous minent et vous ôtent de l'énergie. Elles peuvent avoir des conséquences sur :

• votre santé, telles que des douleurs musculaires, des palpitations, des suées ;

• votre comportement, telles que l'agressivité par rapport aux autres, des colères, des moments d'abattement total ou une jalousie excessive.

– Au moindre changement, vous envisagez le pire et votre angoisse peut vous empêcher de vous adapter correctement.

Par exemple : la lettre officielle de confirmation de vos résultats de réussite au concours tarde à arriver ; vous pensez que vous avez échoué alors que votre nom était mentionné sur la liste des reçus.

3. La seconde analyse du questionnaire

Si vous avez totalisé plus de 17 croix, l'analyse ci-dessous vous concerne plus particulièrement.

L'état d'esprit « négatif » (idées noires, déprime, angoisse) peut envahir n'importe qui et peut conduire à l'échec s'il n'est pas dépassé grâce à un fonctionnement de l'esprit « positif » et constructif.

Il s'agit maintenant de comprendre d'où viennent vos idées noires et de connaître les moyens que vous possédez pour lutter contre elles.

Comptez maintenant, parmi les affirmations que vous avez cochées, le nombre de « A », de « B » et de « C ».

Reportez-vous ensuite au paragraphe correspondant à vos résultats :

• A : vous avez coché une majorité de « A » ;

• B : vous avez coché une majorité de « B » ;

• C : vous avez coché une majorité de « C ».

A – Vous avez coché une majorité de « A » : la conviction du malheur

– Vos idées noires prennent leur source dans votre intime conviction que le malheur arrivera un jour ou l'autre et que vous ne pourrez l'éviter.

– Vous vous attendez à un problème, sans aucune raison précise et votre imagination en fait un drame.

– Vous avez tendance à avoir une mauvaise image de l'être humain (il peut le pire) et le percevoir comme un danger pour vous...

Votre attitude « positive » : la conviction du meilleur

Si votre faiblesse est d'imaginer le pire, votre force est d'imaginer le meilleur. Par exemple, vous savez trouver des solutions originales pour que tout aille mieux. Vous avez certainement des idées pour améliorer le quotidien (par exemple : la décoration de votre appartement), pour le rendre plus harmonieux. Vous êtes peut-être attiré(e) par les arts (musique, dessin, cuisine, danse, etc.) et par les grandes valeurs universelles (le bien, la vérité, etc.).

Notre conseil : quand vous vous sentez pessimiste, vous avez tout intérêt à porter votre attention sur une activité créative, telle que la réorganisation de votre intérieur, la peinture, des cours de cuisine, etc.

B – Vous avez coché une majorité de « B » : l'attente du malheur

– Vous avez l'intime conviction qu'un malheur va arriver et vous l'attendez. Au moindre changement dans votre vie, vous êtes sur le qui-vive, prêt à ce que le malheur survienne.

– Cet état d'esprit négatif de veille permanente peut mobiliser toutes vos pensées et votre énergie.

Votre attitude « positive » : la réflexion

Vous êtes doté(e) d'un bon esprit d'analyse, vous devriez être capable de venir à bout de vos angoisses en essayant d'en comprendre les causes et d'en anticiper les conséquences.

– Vos analyses du quotidien devraient vous aider à obtenir une vision du monde nuancée (les autres ne sont pas totalement gentils ou totalement méchants, les situations ne sont pas complètement « blanches » ou « noires »).

– Vous avez besoin de vous comprendre vous-même ainsi que ce qui vous arrive (ou ce qui peut vous arriver) pour avoir la sensation de maîtriser votre vie et donc d'être rassuré(e). Attention néanmoins à ne pas toujours vouloir tout contrôler...

Notre conseil : quand vous vous sentez angoissé(e), faites une activité qui vous aide à décharger vos émotions et vous permette de voir plus clair en vous. Par exemple : tenir un journal intime, créer un blog où vous exprimez vos états d'âme. On dit que ces activités sont des exutoires[1], qu'elles sont libératrices.

C – Vous avez coché une majorité de « C » : la peur fréquente du danger

– Vous avez souvent la sensation d'être en danger. Cela provoque chez vous une réaction d'angoisse et de peur diffuse. Toutefois, plus vous arrivez à préciser la raison de votre peur, plus la situation devient concrète, moins vous êtes angoissé(e).

1. Exutoire : moyen de se débarrasser d'un problème, d'une difficulté.

Votre attitude « positive » : l'action

Femme ou homme actif, dynamique, vous semblez fort(e) et sûr(e) de vous. Votre priorité : avancer. Vous ne prenez pas le temps d'être à l'écoute de vos angoisses. Mais on n'échappe pas à son inconscient : vos peurs se traduisent par des difficultés à bien dormir et par des colères fréquentes. Elles vous attirent vers les sports à risque, où tous les dangers possibles doivent être maîtrisés. Elles peuvent même vous pousser à une « fuite en avant » qui vous empêche de vous stabiliser.

Notre conseil : prenez donc le temps de comprendre vos réactions. Quand vous vous sentez oppressé(e), colérique, prenez cinq minutes pour écrire ce qui vous a gêné ou blessé, et à côté, ce qui a été positif dans les deniers jours. Cela vous permettra d'avoir une vision équilibrée de votre vécu et d'affronter plus efficacement vos fragilités.

Chapitre 8

L'état d'esprit positif dans le sanitaire et le social

Le jour de l'entretien, le jury va être attentif à votre état d'esprit car il cherche à évaluer deux informations professionnelles importantes : votre capacité à « rebondir » dans une situation difficile et la qualité de vos échanges, de votre apport à une personne fragile ou fragilisée. En effet, travailler au service d'autrui, c'est aussi donner du courage, insuffler de l'espoir, créer un climat de confiance, par des conseils ou une attitude appropriée.

Mettre en valeur votre état d'esprit positif, lors de l'entretien, peut vous permettre de faire la différence.

Les mots-clés

Optimisme – confiance en la vie – confiance en soi – sérénité – stabilité – pensée « positive » – facilité d'adaptation – système relationnel « MOTIVE »

1. Les compétences liées à un esprit positif

Avoir un état d'esprit optimiste est un véritable atout pour le professionnel du secteur sanitaire et social. La maladie, la souffrance, la solitude et la mort sont des données négatives et incontournables de ces métiers. L'optimisme, le dynamisme, la ferveur des soignants constituent de véritables contrepoids en faveur de la vie. Nous ne le dirons jamais assez : le contact patients-soignants est essentiel pour que le combat pour la vie soit accompagné dignement.

L'optimisme du soignant favorisera les compétences décrites ci-après.

A – Savoir stimuler, motiver

Le soignant veille à engager le patient adulte ou enfant dans un comportement de progression, et jamais de régression.

Par exemple, le soignant doit être capable de :

- stimuler l'autonomie :
  - « aider à faire », mais ne pas « faire à la place »,
  - créer les conditions favorables pour motiver la personne ;

- créer une atmosphère gaie et détendue au quotidien :
  - favoriser les contacts entre patients,
  - inciter les patients à participer aux animations et éviter de les mettre en difficulté ou en échec ;
- stimuler l'éveil de l'enfant au moyen de jeux et d'activités diverses.

SITUATION

COMMUNIQUER SA JOIE

Tahar est éducateur en halte-garderie. Aujourd'hui, il a prévu une activité musicale. Bien entendu, ne participent que les enfants qui en ont envie. Il regroupe trois volontaires et commence à leur apprendre une chansonnette. Même s'il chante faux, Tahar aime chanter. Il y met tout son cœur, toute sa joie de vivre. Son plaisir se communique aux enfants. Au bout de deux chansons, tous les enfants du service se regroupent en chantant autour de lui !

CONSEIL

ADOPTER LE SYSTÈME MOTIVE[1]

Dans la relation enfant-adulte, l'état d'esprit positif est fondamental pour que le jeune puisse s'épanouir. Les deux systèmes relationnels « SAPE » et « MOTIVE » (appellation mnémotechnique) mettent en opposition un comportement « négatif » et « positif » du professionnel à l'égard de l'enfant. Il est inutile de préciser que c'est le système MOTIVE qu'il faut privilégier puisqu'il engendre des effets positifs.

Le système relationnel SAPE (état d'esprit négatif)	Le système relationnel MOTIVE (état d'esprit positif)
L'adulte référent (parent, professeur, etc.) a tendance à être : - **S**ourd au langage verbal du jeune, - **A**veugle au langage non verbal (expressions, attitudes, etc.), - **P**artial (il critique systématiquement), - **E**touffant (il tue toute motivation, toute initiative à la base).	L'adulte référent qui « motive » le jeune va : - **M**obiliser les énergies, - **O**ptimiser les situations, - **T**olérer les faiblesses, - **I**nciter à entreprendre, à progresser, - **V**erbaliser (ouvrir le dialogue), - **E**ncourager.

1. Extrait de l'ouvrage *Concours d'entrée AS/AP* de Jacqueline Gassier, Editions Masson, Paris, date.

B – Valoriser, encourager et rassurer

Le soignant doit être tonique et dynamique pour aider le patient à faire face à la maladie ou à ses problèmes.

Une attitude positive est souhaitable car elle valorise les potentiels de la personne (enfant ou adulte).

Par exemple, le soignant veille à :

- éviter le maternage et l'infantilisation ; il n'utilisera pas des termes tels que « mamy » ou « papy », et ne tutoiera pas ses patients ;
- montrer au patient l'importance de son image pour contrer le « laisser-aller » ;
- renforcer l'estime du patient dans sa relation avec lui ;
- en structure d'accueil de l'enfant :
  - donner des responsabilités valorisantes à l'enfant au sein du groupe pour favoriser son développement psychosocial,
  - utiliser des expressions encourageantes telles que « tu es capable de... », « je te fais confiance », « je suis fier(e) de toi »... ;
- en situation de fin de vie à l'hôpital :
  - savoir identifier les différentes peurs du patient,
  - apaiser, réconforter, rassurer et sécuriser le patient.

SITUATION

TOUJOURS « POSITIVER » LE RELATIONNEL

Hélène, 74 ans, est hospitalisée en psychiatrie pour dépression. Noémie, aide-soignante, est auprès d'elle pour un soin d'hygiène (toilette et habillement). Voici quelques extraits de leurs échanges.

– *Noémie* : Comment allez-vous vous habiller ce matin ?

– *Hélène* : Je suis fatiguée. Je vais rester en chemise de nuit.

– *Noémie* : Vous ne m'aviez pas dit que votre fils venait vous voir aujourd'hui ?

– *Hélène* : Si. Après le repas. Mais je vais rester allongée.

– *Noémie* : Mettez donc votre robe bleue, votre fils vous aime dans cette robe ! C'est important qu'il voie que vous prenez soin de vous. Vous verrez, vous serez contente d'avoir fait cet effort pour lui.

– *Hélène* : Vous croyez ?

et Noémie montre à Hélène la robe bleue, les yeux d'Hélène brillent, la décision est déjà prise...

2. Votre profil dans le secteur sanitaire et social

Selon votre état d'esprit étudié dans le chapitre précédent (questionnaire), nous allons maintenant analyser vos atouts et points d'amélioration au regard des métiers du sanitaire et du social en vue de votre entretien.

Reportez-vous au paragraphe qui correspond à vos résultats :

- A : vous êtes plutôt optimiste (vous avez coché moins de 26 réponses au questionnaire d'optimisme) ;

• B : vous êtes plutôt pessimiste (vous avez coché plus de 27 réponses au questionnaire d'optimisme).

A – Vous êtes plutôt optimiste

Lors de votre entretien, sachez mettre en valeur votre caractère optimiste. Il recèle des atouts qui seront appréciés du jury.

Vos atouts

– *En milieu hospitalier*, votre bonne humeur et votre vision positive de la vie peuvent rendre les situations de souffrance plus acceptables pour les malades. Par exemple, au quotidien, les malades aiment être encadrés par des soignants qui savent plaisanter, qui ont toujours le sourire et un bon moral, ils apprécient les discussions qui redonnent de la force. Les mots positifs sont souvent aussi efficaces que des médicaments !

– *En milieu de la petite enfance*, un état d'esprit positif est tout aussi important car les enfants sont attirés par la joie de vivre et le sourire, qui sont d'excellents « stimulants ».

Nos conseils pour votre entretien

– Si le jury vous pose la question « Comment voyez-vous votre avenir ? », répondez sur le plan professionnel uniquement. Montrez que vous prenez la vie du bon côté (optimiste), mais que vous êtes conscient(e) des difficultés liées à la pratique du métier (réalisme). Exprimez surtout concrètement les moyens que vous mettez en œuvre pour transmettre votre optimisme.

Par exemple, vous pouvez dire au jury que vous souhaitez être aide-soignant(e) dans un service de gérontologie car vous avez envie d'apporter de la joie et du réconfort auprès des personnes âgées même si vous êtes conscient(e) des difficultés liées à l'approche de la mort. Exposez les différentes expériences d'animation que vous avez pratiquées auprès de personnes âgées lors d'un stage.

– Si le jury vous pose la question « Que ferez-vous si vous échouez à ce concours ? », mettez en valeur votre état d'esprit positif : expliquez comment vous allez « rebondir » et montrez que vous avez de la suite dans les idées.

Par exemple : si vous échouez à ce concours, vous allez le repasser l'année suivante, car ce concours vous aura permis de connaître vos faiblesses et donc de pouvoir y remédier, et/ou vous allez concourir pour des professions similaires (comme « éducateur de jeunes enfants »). Cela fera apparaître votre « motivation » pour les valeurs communes de ces professions.

B – Vous êtes plutôt pessimiste

Le « mauvais moral » : une attitude interdite en milieu professionnel

Ne voir que le mauvais côté de la vie ne facilite ni l'adaptation dans le secteur sanitaire et social ni la relation à l'autre au quotidien.

– Dans le secteur sanitaire et social, la capacité d'adaptation doit s'effectuer sur le mode positif (changement d'horaires, travail en équipe, etc.). Un état d'esprit négatif perturbe l'adaptation et empêche une souplesse de fonctionnement nécessaire à ce secteur professionnel.

– D'autre part, le pessimisme complique le relationnel, particulièrement dans le cadre d'une relation avec une personne fragile ou fragilisée, qui a besoin d'un soutien moral et/ou physique.

– L'anxiété ajoutée au stress est à proscrire.

Nos conseils pour « penser positif »

Dans votre futur métier, vous pourrez être un réel soutien pour les personnes déprimées, les aider à dépasser leurs angoisses, car vous aurez déjà fait ce travail sur vous-même. Nous vous conseillons de :

• faire du sport. L'activité sportive permet à l'organisme de secréter des hormones du plaisir[1] qui sont de puissants (et naturels) antidépresseurs et anxiolytiques ;

• dormir profondément. La fatigue est le terrain des idées noires. Si vous n'arrivez pas à dormir, n'hésitez pas à aller voir des spécialistes du sommeil, qui ont aujourd'hui de nombreuses solutions à ce problème ;

• s'entourer de personnes positives. Elles vous montreront naturellement des attitudes constructives et vous aideront à modifier votre façon de penser.

Nos conseils pour votre entretien

Pour bien affronter le passage à l'entretien, n'hésitez pas à :

• *soigner votre apparence* : habillez-vous sobrement, comme pour tout entretien, mais en évitant les couleurs ternes (mariage de gris foncé et de marron par exemple) ;

• *doper votre attitude* : tenez-vous droit, les épaules en arrière, veillez à vous déplacer avec dynamisme, souriez (à bon escient) ;

• préparer les réponses aux questions de l'entretien concernant votre avenir :

– *1re question :* « comment voyez-vous votre avenir ? ». Pour répondre à cette question, vous devez vous placer sur un plan professionnel, montrer que vous vous êtes projeté dans un avenir positif et réaliste, et exprimer précisément le métier que vous convoitez.

– Par exemple : vous vous voyez auxiliaire de puériculture dans une crèche, à prendre soin des enfants, accompagner leur développement, stimuler leur éveil, leur autonomie et communiquer avec les parents, etc.

– *2e question :* « que ferez-vous si vous échouez à ce concours ». Pour répondre à cette question, vous devez montrer au jury que le monde ne s'effondre pas pour vous, que vous avez de la suite dans les idées (toutefois, ne dites pas que vous allez vous lancer dans une carrière commerciale si vous échouez, ce serait perçu comme un manque de motivation pour le secteur sanitaire et social). Soyez confiant(e) et projetez-vous dans l'avenir avec optimisme. Préparez vos réponses aux sujets des autres concours que vous auriez envie de passer dans le secteur sanitaire et social,

– si vous échouez, vous pouvez dire que ce concours vous aura permis de connaître vos faiblesses, et donc de pouvoir y remédier, et/ou vous allez concourir pour des professions similaires (listez les professions similaires au concours que vous présentez).

1. La sérotonine et les endorphines.

Chapitre 9

Évaluer sa confiance en soi

La confiance en soi est un atout dans tous les secteurs professionnels et dans la vie en général. Avoir confiance en soi est une condition importante pour appréhender la vie de façon positive. À l'oral, la confiance en soi permet d'avoir de l'aplomb et de ne pas être déstabilisé par les questions du jury. Suite au questionnaire, ce chapitre vous propose quelques conseils pour optimiser votre aisance.

1. Le questionnaire pour mieux vous connaître

Ce questionnaire se compose de 60 affirmations et dure environ cinq minutes. Cochez dans la colonne de droite les affirmations qui vous correspondent.

Cochez les items qui vous correspondent	Cochez ici
Vous avez souvent prêté vos DVD, vos CD ou vos livres et on ne vous les a jamais rendus.	
Vous avez la certitude qu'une personne, en ce moment, vous veut du mal.	
Vous avez été déçu(e) par beaucoup de monde.	
Vous faites souvent ce que personne ne veut faire (courses, vaisselle, etc.) quand vous partez en vacances entre amis.	
Vous consacrez tout votre temps à vos études.	
Vous envisagez de supprimer la viande de votre alimentation.	
Vous préférez que l'on vous appelle par votre surnom que par votre prénom.	
Vous agissez par obligation plus souvent que par choix.	
Vous redoutez de passer pour quelqu'un de stupide aux yeux des autres.	
Il vous arrive de faire plusieurs fois la même erreur.	
Vous n'aimez pas jouer aux jeux de société.	
Vous n'arrivez pas à prendre de la distance avec les gens, même s'ils ne vous sont pas bénéfiques.	

Vous avez envie de dévorer tout ce que vous trouvez.	
Vous avez de vrais tatouages et/ou des piercings (hormis les boucles d'oreilles).	
Vous prenez très mal les moqueries, même lorsqu'elles sont amicales.	
Vous croyez que la fin du monde est proche.	
Vous ne savez pas pourquoi on vous apprécie.	
Vous étiez détesté(e) dans les petites classes.	
Votre faites souvent des crises de jalousie à votre partenaire.	
Vous pensez que personne, à l'école, ne vous accorde d'importance.	
Vous vous ennuyez souvent dans les fêtes entre amis.	
Vous trouvez que vos ami(e)s vivent des vacances ou des expériences plus intéressantes que les vôtres.	
Vous essayez bien de vous améliorer (maigrir, faire du sport, etc.) mais vous n'y arrivez pas.	
Vous avez tendance soit à trop dépenser, soit à trop économiser.	
Vous souffrez fréquemment de maux de tête ;	
Vous vous énervez quand vous devez attendre chez le médecin ou aux caisses des magasins.	
Vous ressentez un vide ou une tristesse lorsque vous remportez une victoire, dans vos études ou dans votre vie privée.	
Vous passez des heures devant votre glace pour vous préparer à un rendez-vous.	
Vous estimez que la chance vous a aidé(e) dans vos réussites.	
Vous consultez une voyante régulièrement.	
Vous n'êtes pas pressé(e) d'avoir votre permis de conduire.	
Vous doutez sans cesse de vos aptitudes à réussir vos concours et vos entretiens.	
Vous regardez la télévision en moyenne deux heures par jour minimum.	
Vous avez été victime de violences dans votre enfance.	
Vous vous sentez incompris(e).	
Vous avez déjà pensé sérieusement à vous suicider.	
Vous mettez beaucoup de temps à vous remettre d'un échec.	
Vous souffrez toujours de petits bobos qui ne s'avèrent pas bénins du tout.	
Vous avez déjà eu un(e) partenaire qui ne vous plaisait pas vraiment.	
Vous pensez que vos amis ont plus d'atouts et de chance que vous.	
Vous estimez que quelque chose dans votre apparence physique ne va pas.	

Vous êtes déstabilisé(e) quand vous vous trouvez avec des personnes qui ont une couleur de peau différente de la vôtre.	
Vous arrivez à la gare avec au moins une heure d'avance pour ne pas rater votre train.	
Vous perdez vos moyens dès que vous prenez la parole devant plus de deux inconnus.	
Vous vous rongez les ongles depuis votre plus jeune âge.	
Vous achetez parfois des vêtements qui resteront dans votre armoire.	
Vous avez l'habitude de boire plus d'un verre d'alcool par jour.	
Vous n'arrivez plus à parler normalement quand vous êtes ému(e).	
Vous ne supportez pas votre odeur de transpiration.	
Vous gardez en mémoire tout ce qui a été douloureux pour vous.	
Vous n'avez aucune idée de ce que vous ferez ou serez dans cinq ans.	
Vous êtes en psychothérapie ou vous songez à en faire une.	
Vous êtes perturbé(e) quand il vous faut changer vos habitudes.	
Vous « baissez les bras » dès que vous rencontrez une difficulté.	
Vous êtes attiré(e) par l'idée de faire partie d'une secte.	
Vous avez tendance à avoir des plaques rouges sur le visage lorsque vous êtes bouleversé(e).	
Vous vivez très douloureusement les critiques que vous trouvez injustes.	
Vous partez « perdant(e) » en commençant une nouvelle activité.	
Vous avez toujours peur du lendemain.	

2. L'analyse du questionnaire

Faites le total de vos croix dans la colonne de droite. Ce nombre va vous donner une mesure de votre confiance en vous. Reportez-vous au paragraphe correspondant à votre résultat :

- A : vous avez moins de 19 croix ;
- B : vous avez entre 20 et 39 croix ;
- C : vous avez plus de 39 croix.

A – Moins de 19 croix : votre confiance en vous est « trop » grande

Vos atouts

– Vous vivez avec une image idéale de vous-même. Vous affichez une grande assurance. Les autres ne vous font pas peur et vous osez leur dire en face ce que beaucoup pensent tout bas.

– Vous êtes armé(e) pour la compétition et appréciez de vous mesurer avec autrui. Vous ne craignez pas l'échec car vous avez la certitude que vous réussirez de toute façon.

– Vous savez vous valoriser et ne perdez jamais une occasion pour vous mettre en avant.

Vos points faibles

Les critiques vous blessent. Elles vous indiquent que l'image idéale que vous avez de vous-même n'est pas une image réelle. Le regard des autres ne concorde pas toujours avec votre image intérieure.

Conseils pour équilibrer votre confiance en vous :

Votre confiance en vous vous fait dépenser beaucoup d'énergie : vous devez être à la hauteur de cette image idéale que vous avez de vous.

Et si vous vous acceptiez comme vous êtes, avec vos qualités, certes, mais aussi avec vos défauts ?

Dans votre logique, vous avez tendance à tout faire pour gommer vos imperfections. Ne seriez-vous pas plus heureux(se) ou plus serein(e) si vous développiez vos véritables talents pour vous réaliser, au lieu de vous rectifier sans cesse ?

Pour être satisfait(e) de vous, développez vos qualités, tout simplement, en pensant que nul n'est parfait !

Conseil pour votre entretien

Vous avez beaucoup d'atouts pour passer cet entretien ! Néanmoins, attention à ne pas être uniquement dans la démonstration : n'oubliez pas d'écouter, d'être attentif à ce que dit le jury.

B – Entre 20 et 39 croix : votre confiance en vous est votre force

Vos atouts

– Votre confiance en vous est équilibrée. Elle vous permet de prendre la vie avec réalisme et optimisme.

– Vous vous connaissez bien : vous savez jusqu'où vous pouvez aller (vos limites), comment vous allez réagir (vous anticipez, vous ne vous mettez pas dans des situations qui vous nuisent), vous savez ce que vous valez pour une situation donnée et ce que vous êtes capable de fournir.

– Cette intime connaissance vous permet d'être clair(e) avec vous-même et honnête avec les autres : vous vous acceptez tel que vous êtes et les autres savent à qui ils ont à faire. Comme vous n'êtes pas décevant(e), vous avez tendance à être apprécié(e) et à recevoir beaucoup des autres.

– Vous prenez avec recul critiques et reproches, avec une analyse juste de ce pour quoi ils ont été formulés (par exemple : critiques dites sur un coup de colère, à cause de la jalousie, etc.).

Conseils pour conserver votre confiance en vous en toutes circonstances

Comme tout le monde, il vous arrive d'avoir moins confiance en vous à certains moments de votre vie : un échec, une erreur ou un manque de reconnaissance, et le doute s'installe. Les réflexions négatives des autres vous font plus de mal que d'habitude et risquent même d'abîmer votre belle confiance en vous.

Dans ces moments-là, repensez à vos grandes et petites réussites, aux moments où vous vous êtes senti(e) fort(e), accompli(e), et pourquoi pas admiré(e).

Ensuite, organisez un bon moment en famille ou entre amis, entourez-vous de bienveillance. Le positif amène toujours le positif !

C – Plus de 39 croix : votre confiance en vous est faible

Vos points faibles

– Vous n'avez pas une grande estime de vous-même. Pourquoi ? Il faut en chercher les raisons dans votre histoire personnelle... Vous ne vous accordez pas une grande valeur humaine.

– Selon vous, vous ne méritez pas vos succès ou les événements positifs qui vous arrivent, voire vous n'êtes pas digne du respect ou de la considération des autres.

– Les critiques vous blessent profondément mais elles vous semblent dues. Le problème est que ce constat peut vous enfermer dans une spirale de l'échec : vous ne vous pensez pas capable, donc vous ne tentez pas, ou pas longtemps, donc vous ne réussissez pas...

Nos conseils pour prendre ou reprendre confiance en vous

La confiance en soi s'apprend, se muscle. Ce n'est pas un don. En lisant notre ouvrage, vous faites déjà un pas supplémentaire vers la connaissance de vous-même, donc vers la confiance en vous.

Premier conseil : apprenez à vous respecter

Ne dévalorisez pas ce que vous êtes ou ce que vous faites devant les autres. Tout le monde préfère être auprès de quelqu'un qui est fier de lui (sans tomber dans l'orgueil exécrable) car c'est positif et valorisant !

Deuxième conseil : valorisez-vous

Pour mieux vous apprécier, efforcez-vous de réaliser de petites réussites (au début) un peu tous les jours.

Par exemple : faire un gâteau, un dessin, cinq minutes de sport, etc.

Troisième conseil : choisissez votre façon de vivre

Nous sommes tous programmés par des messages négatifs depuis notre plus jeune âge. Des réflexions du type « espèce de fainéant », « tu ne dis que des bêtises » ou « tu es méchante » peuvent scander une enfance.

Plus tard, on a tous à faire face aux reproches et critiques de l'entourage amical, scolaire puis enfin professionnel.

Ces réflexions nous influencent, à des degrés divers et malgré nous. En effet, on va agir pour ne pas avoir à entendre ces réflexions que l'on a inconsciemment intégrées. Ces actes sont des obligations intérieures.

– Notez toutes ces obligations, c'est-à-dire tous les actes que vous vous sentez obligé(e) de faire pour que les autres aient une bonne opinion de vous, en commençant par : je suis obligé(e) de ou je devrais...

Par exemple : « je suis obligé d'être poli », « je devrais me taire quand les autres parlent de politique », etc.

– Barrez les obligations qui vous pèsent, qui vous ennuient, qui ne vous ressemblent pas.

– Vivez désormais avec seulement les obligations que vous avez choisies.

Notre conseil pour votre entretien

Préparez votre entretien en précisant au maximum les raisons pour lesquelles vous voulez travailler dans le secteur sanitaire et social.

Vous n'êtes peut-être pas sûr(e) de vous, mais vous êtes sûr(e) de votre motivation. Vous démontrez ainsi au jury que vous avez une connaissance minimum de vous-même et que vous êtes capable d'un choix professionnel cohérent avec vos valeurs profondes.

→ VOTRE SYNTHÈSE N° 4

Cet espace vous est dédié. Faites le point sur les principaux atouts et/ou points d'améliorations que cette partie vous a permis de préciser. Privilégiez les atouts analysés dans les chapitres 7 et 8.

Argumentez vos atouts en vous en puisant dans votre expérience (souvenir personnel ou expérience professionnelle) afin de pouvoir les justifier lors de l'entretien.

Inscrivez vos points d'améliorations et les moyens concrets que vous allez mettre en place pour progresser.

Cette synthèse facilitera votre analyse pour la dernière partie « Exprimer sa motivation » qui traite du travail de préparation à l'entretien.

VOS ATOUTS

- Atout n° 1 :

....

....

Expérience personnelle

....

....

- Atout n° 2 :

....

....

Expérience personnelle

....

....

....

- Atout n° 3 :

....

....

Expérience personnelle

....

....

....

VOS POINTS D'AMÉLIORATION

- Point faible n° 1 :

....

....

Moyens concrets d'amélioration

....

....

....

- Point faible n° 2 :

....

....

Moyens concrets d'amélioration

....

....

....

- Point faible n° 3 :

....

....

Moyens concrets d'amélioration

....

....

....

PARTIE 5

Évaluer sa fiabilité

Chapitre 10

Votre fiabilité

Peut-on compter sur vous ? Quelle est la qualité de vos engagements ? Ces questions sont fondamentales dans le cadre du soin ou de la santé. En effet, une erreur, un oubli ou encore une approximation n'ont pas les mêmes conséquences dans un hôpital que dans une usine.

Ce chapitre débute par un questionnaire sur la fiabilité qui vous permettra d'analyser ses limites et la façon dont vous vous engagez.

1. Le questionnaire pour mieux vous connaître

Ce questionnaire se compose de 50 affirmations. Pour chaque ligne, vous devez choisir entre deux propositions : celle qui vous correspond le mieux (vous êtes obligé(e) de choisir l'une des deux et vous ne pouvez pas cocher les deux propositions).

Faites ce test rapidement : lisez les deux affirmations deux fois maximum et évitez de réfléchir longuement.

	Cochez ici	OU	Cochez ici
A. Vous savez appliquer une méthode de travail.		O. Vous appréciez le contact avec autrui.	
B. On peut compter sur vous.		G. Vous avez confiance en vous.	
H. Vous savez faire preuve de patience.		C. Vous finissez ce que vous commencez.	
L. Vous accordez facilement votre confiance.		D. Vous tenez le cap, même dans la tempête.	
E. Vous êtes vigilant(e) pour éviter toute erreur.		N. Vous débordez d'énergie.	
A. Vous savez appliquer une méthode de travail.		N. Vous débordez d'énergie.	
G. Vous avez confiance en vous.		D. Vous tenez le cap, même dans la tempête.	
F. Vous trouvez toujours des solutions astucieuses.		A. Vous savez appliquer une méthode de travail.	

B. On peut compter sur vous.		L. Vous accordez facilement votre confiance.	
C. Vous finissez ce que vous commencez.		G. Vous avez confiance en vous.	
D. Vous tenez le cap, même dans la tempête.		O. Vous appréciez le contact avec autrui.	
E. Vous êtes vigilant(e) pour éviter toute erreur.		M. Vous êtes calme et posé(e).	
H. Vous savez faire preuve de patience.		B. On peut compter sur vous.	
L. Vous accordez facilement votre confiance.		E. Vous êtes vigilant(e) pour éviter toute erreur.	
F. Vous trouvez toujours des solutions astucieuses.		C. Vous finissez ce que vous commencez.	
M. Vous êtes calme et posé(e).		D. Vous tenez le cap, même dans la tempête.	
K. Vous avez toujours le sourire.		E. Vous êtes vigilant(e) pour éviter toute erreur.	
E. Vous êtes vigilant(e) pour éviter toute erreur.		O. Vous appréciez le contact avec autrui.	
D. Vous tenez le cap, même dans la tempête.		F. Vous trouvez toujours des solutions astucieuses.	
G. Vous avez confiance en vous.		A. Vous savez appliquer une méthode de travail.	
C. Vous finissez ce que vous commencez.		K. Vous avez toujours le sourire.	
J. Vous cherchez à comprendre les autres.		E. Vous êtes vigilant(e) pour éviter toute erreur.	
B. On peut compter sur vous.		O. Vous appréciez le contact avec autrui.	
J. Vous cherchez à comprendre les autres.		C. Vous finissez ce que vous commencez.	
I. Vous ne vous vexez pas facilement.		D. Vous tenez le cap, même dans la tempête.	
A. Vous savez appliquer une méthode de travail.		H. Vous savez faire preuve de patience.	
L. Vous accordez facilement votre confiance.		C. Vous finissez ce que vous commencez.	
B. On peut compter sur vous.		F. Vous trouvez toujours des solutions astucieuses.	
I. Vous ne vous vexez pas facilement.		A. Vous savez appliquer une méthode de travail.	

H. Vous savez faire preuve de patience.		D. Vous tenez le cap, même dans la tempête.	
C. Vous finissez ce que vous commencez.		O. Vous appréciez le contact avec autrui.	
J. Vous cherchez à comprendre les autres.		A. Vous savez appliquer une méthode de travail.	
F. Vous trouvez toujours des solutions astucieuses.		E. Vous êtes vigilant(e) pour éviter toute erreur.	
M. Vous êtes calme et posé(e).		B. On peut compter sur vous.	
E. Vous êtes vigilant(e) pour éviter toute erreur.		G. Vous avez confiance en vous.	
D. Vous tenez le cap, même dans la tempête.		J. Vous cherchez à comprendre les autres.	
B. On peut compter sur vous.		K. Vous avez toujours le sourire.	
I. Vous ne vous vexez pas facilement.		E. Vous êtes vigilant(e) pour éviter toute erreur.	
C. Vous finissez ce que vous commencez.		M. Vous êtes calme et posé(e).	
B. On peut compter sur vous.		J. Vous cherchez à comprendre les autres.	
L. Vous accordez facilement votre confiance.		A. Vous savez appliquer une méthode de travail.	
N. Vous débordez d'énergie.		D. Vous tenez le cap, même dans la tempête.	
N. Vous débordez d'énergie.		B. On peut compter sur vous.	
A. Vous savez appliquer une méthode de travail.		K. Vous avez toujours le sourire.	
I. Vous ne vous vexez pas facilement		C. Vous finissez ce que vous commencez.	
E. Vous êtes vigilant(e) pour éviter toute erreur		H. Vous savez faire preuve de patience.	
D. Vous tenez le cap, même dans la tempête		K. Vous avez toujours le sourire.	
B. On peut compter sur vous		I. Vous ne vous vexez pas facilement.	
C. Vous finissez ce que vous commencez		N. Vous débordez d'énergie.	
M. Vous êtes calme et posé(e)		A. Vous savez appliquer une méthode de travail.	

Chaque proposition est notée « A », « B », « C », « D » « E » « F », « G », « H », « I », « J », « K », « L », « M », « N » et « O ».

Comptabilisez le nombre de propositions « A », « B », « C », « D » et « E » que vous avez cochées. Notez vos résultats, ils seront analysés ci-dessous.

Faites le total des propositions « A » + « B » + « C » + « D » + « E » que vous avez cochées. Ce total vous indique votre indice de fiabilité, indice que nous allons analyser maintenant.

2. La première analyse : l'indice de fiabilité

L'indice de fiabilité se compose de trois niveaux : faible, moyen et fort. Selon votre total, reportez-vous au paragraphe :

- A : si votre total des « A, B, C, D, E » cochés est inférieur à 17 ;
- B : si votre total des « A, B, C, D, E » cochés est compris entre 18 et 33 ;
- C : si votre total des « A, B, C, D, E » cochés est supérieur à 34.

A – Total inférieur à 17 : votre indice de fiabilité est faible

– Vos résultats scolaires peuvent être très variables, selon la matière, le professeur ou le trimestre.

– Vous ne travaillez pas beaucoup et vous vous retrouvez facilement démotivé(e).

– Vous pouvez faire preuve de négligence dans le suivi de vos cours ou dans vos devoirs si vous n'avez pas envie de les faire.

B – Total compris entre 18 et 33 : votre indice de fiabilité est moyen

– Vous êtes un(e) élève sérieux(se), capable d'aborder les cours théoriques comme les travaux pratiques.

– Vous savez vous organiser pour faire vos devoirs dans les meilleures conditions (par exemple : vous préparez vos devoirs à l'avance, vous allez à la bibliothèque si chez vous, vous estimez qu'il y a trop de bruit).

– En cas d'absence ou de remplacement d'un professeur, d'un dysfonctionnement dans un cours, vous conservez votre motivation et continuez à travailler sérieusement.

C – Total supérieur à 34 : votre indice de fiabilité est fort

– Vous faites preuve d'une grande exigence dans votre travail.

– En classe, vous êtes un(e) élève attentif(ve) et vous participez à l'oral, même si vous êtes un peu timide.

– Dans vos devoirs, vous faites preuve de rigueur, d'application, de minutie. Vous êtes conscient(e) de l'importance de votre scolarité et de ce qu'elle implique pour votre avenir.
– Attention toutefois à ne pas trop vous perdre dans les détails.

3. La seconde analyse : le type de fiabilité

Il s'agit maintenant de déterminer quelle définition vous pouvez donner à votre fiabilité (ou à votre manque de fiabilité). En effet, les affirmations de « A » à « E » traitent chacune d'un aspect de la fiabilité :

- les affirmations notées « A » portent sur le sens de l'organisation ;
- les affirmations notées « B » portent sur le sens du devoir ;
- les affirmations notées « C » portent sur la persévérance ;
- les affirmations notées « D » portent sur la combativité ;
- les affirmations notées « E » portent sur la vigilance.

A – Vous avez coché plus de 6 « A » : vous êtes organisé(e)

Votre fiabilité repose en grande partie sur votre capacité à avancer avec méthode dans votre travail, mettre les choses dans le bon ordre pour arriver à vos objectifs.

B – Vous avez coché moins de 6 « A » : vous manquez d'ordre

Vous laissez beaucoup de place au hasard et à l'incertitude. Votre bureau est souvent mal rangé. Vous « partez dans tous les sens » et vous perdez beaucoup de temps.

C – Vous avez coché plus de 6 « B » : vous avez le sens du devoir

Vous êtes conscient(e) des devoirs que vous avez à accomplir envers votre famille et votre école. Vous n'avez aucune difficulté à vous acquitter des obligations envers les institutions qui vous entourent (par exemple : la famille : être poli(e), la Nation : voter, l'école : respecter le silence pendant les cours, etc.).

D – Vous avez coché moins de 6 « B » : vous êtes peu discipliné(e)

Vous avez tendance à fonctionner à l'envie et à ne faire que ce qui vous plaît. Vous avez du mal à respecter les procédures et les ordres.

E – Vous avez coché plus de 6 « C » : vous êtes tenace

Vous finissez ce que vous commencez. Pas question d'abandonner ! Votre ténacité vous permet d'aller au bout de vos idées, de vos objectifs, de votre travail. Vous ne laissez pas les choses inachevées.

F – Vous avez coché moins de 6 « C » : vous renoncez facilement

Vous avez du mal à vous accrochez. Dès qu'une difficulté se présente, vous avez tendance à l'amplifier et vous lâchez prise.

G – Vous avez coché plus de 6 « D » : vous êtes combatif(ve)

Un problème ? Un imprévu ? Vous réagissez au quart de tour pour trouver une solution. Vous avez l'impression que rien ne vous réussit ? Ce n'est pas grave, vous continuez à avancer, fidèle à vos objectifs, sans vous démotiver.

H – Vous avez coché moins de 6 « D » : vous vous démotivez facilement

Tant que vous avez « du vent dans les voiles », vous avancez et tout va bien. Mais si le vent s'arrête, vous ne prenez pas (ou pas tout de suite) les rames pour continuer à avancer. Si le vent s'affole, vous ne savez que faire et êtes démoralisé(e). Votre moral et votre motivation sont liés à des circonstances extérieures, qui ne dépendent pas de vos propres ressources.

I – Vous avez coché plus de 6 « E » : vous êtes vigilant(e)

Vous avez un fort sens des responsabilités et vous avez la crainte de commettre une erreur. Vous savez que tout acte entraîne des conséquences et qu'il faut toujours analyser la situation avant d'agir ou de parler.

J – Vous avez coché moins de 6 « E » : vous êtes parfois insouciant(e)

Votre nature impulsive vous pousse à agir sans avoir préalablement réfléchi. Par conséquent, il vous arrive de gérer des situations que vous n'aviez pas prévues et de réparer des erreurs que vous n'aviez pas anticipées.

Chapitre 11

La fiabilité dans le sanitaire et le social

Le questionnaire de fiabilité permet de découvrir dans quelle mesure vous êtes capable de réaliser un travail consciencieux. Cette qualité se révèle à l'école comme dans le milieu professionnel, où elle prend le nom de « conscience professionnelle ».

À travers l'entretien et votre dossier scolaire, le jury va percevoir votre degré d'application, votre fiabilité. C'est une donnée décisive dans le secteur du soin et de la santé, où l'engagement est une qualité fondamentale.

Les mots-clés

Fiabilité – exigence – rigueur – peur de l'erreur – organisation – application – sens du devoir – persévérance – combativité – vigilance – sens des responsabilités – conscience – respect d'autrui – respect des règles

1. Les compétences liées à la fiabilité

Dans votre futur métier, vous allez être appelé(e) à appliquer des consignes et respecter des procédures avec une rigueur maximum. Une erreur ou un oubli peut entraîner l'inconfort, la déprime, voire l'accident.

Faire preuve de fiabilité ou de conscience professionnelle, c'est avoir l'exigence de respecter scrupuleusement ces règles, en ayant pleinement conscience de leur importance.

A – Respecter les règles d'HSCR[1]

Les métiers de la santé et du soin sont fondés en grande partie sur l'application de règles précises, destinées à garantir un accompagnement de qualité, identique pour tous les patients ou enfants, dans un milieu propre et sécurisé, ainsi qu'à protéger le personnel soignant d'infections ou de contagions.

1. HSCR : hygiène, sécurité, confort et respect du patient.

Le soignant est amené à appliquer au quotidien un certain nombre de protocoles dont voici quelques exemples :

• hygiène des soignants (protocole de lavage de mains systématiques et minutieux, port de protection, etc.) ;

• hygiène alimentaire (pour la préparation, la conservation des repas, lors de la tétée du bébé, etc.) ;

• hygiène du sommeil (installation du patient, changement des draps, réglage de la température et la lumière, etc.) ;

• protocoles de sécurité ;

• Méthodes de désinfection et de stérilisation du matériel, etc.

SITUATION

RESPECTER LES RÈGLES DE L'ISOLEMENT SEPTIQUE

La petite Léonie est hospitalisée : elle a contracté une méningite. Elle est placée en isolement septique pour éviter la diffusion des agents infectieux. Adeline, l'infirmière, doit veiller à se laver les mains avec un savon antiseptique à l'entrée et à la sortie de la chambre de Léonie. Elle est habillée d'une sur-blouse, d'un masque et enfile des gants pour effectuer les soins de la petite fille. Le matériel jetable qui sert aux soins (DASRI : déchets d'activités de soins à risques infectieux) est jeté dans un sac spécifique. Elle utilise aussi des conteneurs particuliers pour jeter les objets piquants. Elle désinfecte quotidiennement, selon un protocole précis, le matériel (non jetable). Elle veille enfin à la protection des visiteurs en les informant de la marche à suivre pour éviter toute contagion.

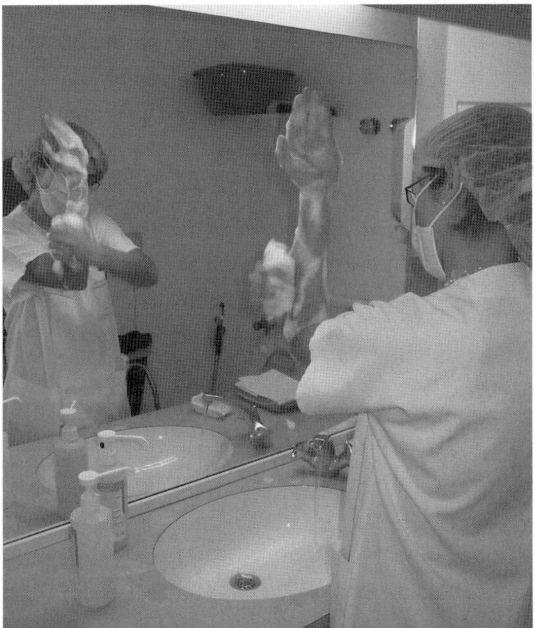

Fig. 5

B – Évaluer précisément l'état du patient ou de l'enfant

Les métiers du sanitaire et du social reposent aussi sur la vigilance. La vigilance est « la surveillance attentive, sans défaillance » (dictionnaire *Le Petit Robert*). Cette surveillance peut s'effectuer avec des outils de mesure, ou bien être encadrée par des règles précises, mais dans tous les cas, elle repose sur le professionnalisme et la rigueur du soignant.

Le soignant est amené à :

- mesurer la taille et le poids ;
- évaluer l'aspect de la peau ;
- évaluer la fonction respiratoire ;
- surveiller un patient immobilisé ;
- surveiller un patient en assistance respiratoire ;
- évaluer les signes de douleur.

SITUATION

ÉVALUER LE POIDS DES BÉBÉS

Adeline travaille dans une maternité en tant qu'auxiliaire de puériculture. Elle commence sa journée par la pesée des bébés. Ensuite, elle compare les résultats obtenus avec une « courbe staturo-pondérale », où sont mentionnés les poids et les tailles de l'évolution standard. Lorsqu'un résultat diffère de la courbe, elle alerte la puéricultrice. En effet, la moindre maladie (ou état infectieux) a une influence directe sur le poids. Cette surveillance quotidienne est donc essentielle pour la prévention !

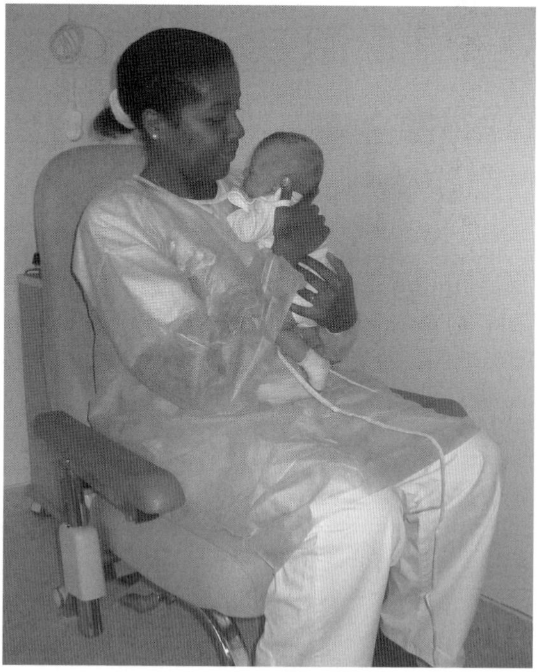

Fig. 6

C – Transmettre les informations

Le personnel soignant fonctionne en équipe. Hiérarchie, équipe de relève : l'information doit circuler du soignant au cadre soignant, d'une équipe à l'autre pour assurer la continuité des soins. Le moindre oubli peut avoir de lourdes conséquences.

Le soignant fait circuler l'information en :

• alertant le cadre de santé en cas d'anomalies ;

• rédigeant le « recueil de données » (culture et religion du patient, ses goûts, son régime, etc.) ;

• rédigeant le « cahier de transmission » (modification de l'état de santé, problème, réaction à un traitement, etc.) ;

• élaborant le diagramme de soins (suivi des soins médicaux, d'hygiène, de confort et de sécurité) ;

• participant aux réunions pluridisciplinaires d'informations, etc.

2. Votre profil dans le secteur sanitaire et social

Selon votre degré de fiabilité, nous allons voir maintenant comment mettre en valeur vos atouts à l'entretien, ou comment améliorer vos points faibles et évoluer au plus près de la carrière du sanitaire et du social.

Selon vos résultats du degré de fiabilité, reportez-vous au paragraphe :

• A : si vous avez obtenu un total des affirmations « A, B, C, D, E » cochées supérieur à 18 ;

• B : si vous avez obtenu un total inférieur à 17.

A – Vous êtes plutôt fiable (total supérieur à 18)

Vous avez compris lors du paragraphe précédent que votre fiabilité était un véritable atout pour votre futur métier. Les conseils suivants sont destinés à bien savoir le mettre en valeur lors de votre entretien, en appuyant votre argumentation avec votre expérience personnelle.

– *Mettez en valeur votre sérieux.* Par exemple : informez le jury que vos professeurs ont toujours noté dans vos carnets scolaires que vous étiez un(e) élève appliqué(e).

– *Parlez de votre sens des responsabilités* : montrez au jury que vous avez conscience de l'importance du rôle du soignant et la responsabilité qui incombe à son poste. Vous pouvez citer un cas pratique dans lequel vous montrez l'importance du rôle du soignant et de sa vigilance.

Par exemple : vous pouvez citer l'exemple vu précédemment sur l'importance de la pesée et de la mensuration pour l'évolution du bébé (page 84).

– *Indiquez que vous savez conserver votre sérieux* même en cas de changement ou d'imprévu.

Par exemple : informez le jury que vous êtes capable de continuer à travailler consciencieusement même quand il y a un changement de professeur en cours d'année.

B – Vous n'êtes pas toujours fiable (total inférieur à 17)

Aujourd'hui, vous n'obtenez pas un fort niveau de fiabilité. Le manque de fiabilité va souvent de paire avec la légèreté, le fait que vous ne prenez pas l'école, par exemple, suffisamment au sérieux.

Cela ne signifie pas que demain vous manquerez de conscience professionnelle. La conscience professionnelle vient en prenant conscience de l'importance de la mission à accomplir. Elle se développe beaucoup avec la maturité.

Conseils pour renforcer votre fiabilité

– *Projetez vous dans l'avenir* : selon vos actions, dites-vous « si je continue comme cela, comment serai-je dans cinq ans ? ».

– Réfléchissez à votre avenir professionnel en essayant de le visualiser le plus précisément possible (quel est votre rôle ? dans quel service ou quel type d'institution travaillez-vous ? quels contacts avez-vous avec les patients ? comment êtes-vous habillé[e] ?, etc.). Rencontrez des professionnels pour vous informer avec précision du métier afin de l'envisager de manière concrète.

– *Sélectionnez ce que vous voulez faire* : à partir de votre projection dans l'avenir, sélectionnez les actions ou résolutions que vous souhaitez mener pour y parvenir progressivement.

Par exemple : vous pouvez vous interdire tout retard dans vos devoirs, vous imposer de vous coucher tôt en semaine ou vous obliger à organiser un stage en milieu professionnel dans les plus brefs délais...

– *Accordez de la valeur à vos objectifs* : donnez une note d'importance de 0 (pas important) à 10 (très important) aux actions que vous avez choisies de mener. Mettez en action dès à présent celles que vous avez estimées entre 7 et 10.

– *Et interdisez-vous toute négligence !*

Conseils pour l'entretien

– *Montrez que vous avez conscience des responsabilités* liées à votre futur métier : exposez au jury l'importance du rôle du soignant et la responsabilité qui incombe à son poste. Vous pouvez citer un cas pratique dans lequel vous expliquez l'importance du rôle du soignant et de sa vigilance.

Par exemple : présentez l'exemple vu précédemment sur l'importance de la pesée et de la mensuration pour l'évolution du bébé (page 84).

– *Montrez que vous savez vous projeter dans l'avenir.*

Par exemple : soyez capable pour l'entretien d'indiquer avec précision comment vous voyez votre avenir professionnel (après vous être préalablement bien renseigné).

– *Faites preuve de rigueur et de minutie.*

Par exemple, si vous êtes une fille, arrivez à l'entretien avec les ongles bien faits (vernis à ongle de couleur neutre), les cheveux coiffés avec soin, un maquillage discret et précis, etc.

Chapitre 12

Votre volonté

La volonté, comme la conscience professionnelle (ou fiabilité), sont deux qualités complémentaires qui permettent d'évoluer professionnellement. L'évaluation de votre volonté peut vous servir personnellement à avancer dans la connaissance de vous-même et à mieux préparer votre concours. Le questionnaire est suivi d'une analyse et de conseils pour mieux vivre ses petites faiblesses.

1. Le questionnaire pour mieux vous connaître

Ce questionnaire se compose de 32 choix (exemple : 1. c ou 1. f), notés de 1 à 32. Cochez pour chaque choix, l'affirmation qui vous correspond le mieux.

Cochez les items qui vous correspondent	Cochez ici
1. c – Vous êtes imperturbable quand vous faites vos devoirs.	
f – Vous avez du mal à vous concentrer pour vos devoirs.	
2. b – Vous vous levez le matin généralement avec le sourire.	
h – Vous vous levez le matin généralement de mauvaise humeur.	
3. c – Vous faites correctement ce que vous avez à faire.	
g – Vous cherchez la perfection quand vous faites quelque chose.	
4. a – Si quelqu'un vous plaît, vous tentez de le séduire même s'il n'est pas célibataire.	
e – Vous ne tentez pas de séduire une personne déjà en couple, même si elle vous plait	
5. d – Vous pensez qu'il n'y a pas que les sentiments qui sont importants dans la vie.	
g – Vous pensez que seuls les sentiments comptent dans la vie.	
6. a – Vous avez souvent des obsessions.	
f – Vous changez constamment d'avis.	
7. d – Vous savez comment vous habiller selon la circonstance.	
f – Vous hésitez toujours pour choisir une tenue.	

8. c – Vous jugez sur les actes.	
g – Vous jugez sur les discours, les intentions.	
9. c – Vous donnez « un coup de main » sans que l'on vous le demande.	
h – Vous essayez toujours d'éviter de « mettre la main à la pâte ».	
10. c – Vous ne supportez pas de ne rien faire.	
h – Vous rêvez d'avoir rien à faire.	
11. a – Quand vous avez une idée en tête, rien ne vous fait changer de cap.	
h – Vous aménagez ou changez vos objectifs selon les difficultés que vous rencontrez.	
12. b – Vous vous levez tard quand vous êtes en vacances.	
g – Vous vous levez tôt quand vous êtes en vacances.	
13. b – Si l'autre vous quitte, tant pis pour lui.	
e – Vous avez toujours peur que l'autre vous quitte.	
14. a – Vous êtes toujours à l'heure à vos rendez-vous.	
b – Vous êtes plutôt en retard à vos rendez-vous.	
15. d – Vous avez choisi le secteur sanitaire et social par goût.	
e – Vos parents ou amis vous ont conseillé de choisir le secteur sanitaire et social.	
16. d – Vous restez concentré sur vos devoirs même quand on vous dérange.	
g – Vous ne supportez pas d'être dérangé quand vous travaillez.	
17. c – Vous appréciez les cours de sport.	
h – Vous tentez de trouver des excuses pour ne pas aller au sport.	
18. d – Vous trouvez toujours un moyen de réaliser vos projets.	
f – Vous manquez souvent de moyens pour réalisez vos projets	
19. c – Vous êtes capable de réviser vos cours une journée sans vous arrêter.	
h – Vous avez souvent besoin de pauses quand vous révisez.	
20. d – Vous estimez que l'on a toujours ce que l'on mérite.	
f – Vous êtes bouleversé(e) par les drames qui touchent autrui.	

21. c – Vous travaillez énormément pour préparer vos concours.	
e – Vous pensez que vous pourrez compter sur votre conjoint plus tard.	
22. b – Vous rompez rapidement si votre histoire amoureuse s'avère peu satisfaisante.	
e – Vous essayez de comprendre votre petit(e) ami(e) même si votre relation est peu satisfaisante.	
23. a – Vous préférez vous organiser vous-même pour bien réviser.	
e – Vous préférez être guidé(e) par vos professeurs pour réviser.	
24. a – Vous êtes indifférent(e) à ce que l'on pense de vous.	
e – Vous faites attention à ce que l'on pense de vous.	
25. a – Vous avez des certitudes et des habitudes.	
h – Vous ignorez de quoi demain sera fait.	
26. d – On ne se débarrasse pas de vous facilement.	
g – Vous avez horreur d'insister ou de déranger.	
27. b – Vous appréciez les grands huit des parcs d'attraction.	
g – Vous évitez tout ce qui ressemble à des *loopings*.	
28. d – Vous avez déjà planifié vos cinq prochaines années.	
g – Vous avez un peu peur de ce que l'avenir prépare.	
29. a – Vous avez peu de souvenir de votre enfance.	
e – Vous avez des souvenirs précis et émouvants de votre enfance.	
30. c – Vous stressez beaucoup avant vos examens ou vos concours.	
f – Vous êtes détendu(e) avant vos examens car tout est écrit à l'avance.	
31. b – Vous commencez par faire ce qui vous déplaît avant de faire ce qui vous plaît.	
h – Vous faites ce qui vous déplaît quand vous ne pouvez plus faire autrement.	
32. b – Vous avez essayé une vingtaine de régimes.	
f – Vous ne résistez pas à un éclair au chocolat.	

Chaque affirmation porte une lettre de « a » à « h ».

Comptez le nombre d'affirmations cochées pour chaque lettre.

Identifiez ensuite quelle est la lettre que vous avez cochée le plus souvent et reportez-vous au paragraphe correspondant à la même lettre, dans le chapitre suivant « Les analyses du test de volonté ».

Par exemple : vous avez coché un maximum de « c », reportez-vous au paragraphe « C ». En cas d'égalité entre deux lettres, lisez les deux paragraphes d'analyses.

2. Les analyses du questionnaire

Selon vos résultats, reportez-vous au paragraphe suivant :
- « A » si vous avez une majorité de « a » ;
- « B » si vous avez une majorité de « b » ;
- « C » si vous avez une majorité de « c » ;
- « D » si vous avez une majorité de « d » ;
- « E » si vous avez une majorité de « e » ;
- « F » si vous avez une majorité de « f » ;
- « G » si vous avez une majorité de « g » ;
- « H » si vous avez une majorité de « h ».

Les huit paragraphes qui suivent présentent quatre profils volontaires (de A à D) et quatre profils non volontaires (de E à H).

A – Majorité de « a » : vous avez une volonté de fer

Vos atouts

Quand vous avez décidé quelque chose, rien ni personne ne peut vous faire changer d'avis. Vous pouvez mettre un certain temps pour prendre votre décision, mais une fois prise, votre engagement est sans faille. Vous êtes prêt à « tout » faire et à tout assumer auprès des autres pour honorer votre engagement.

Vos points faibles

Et en cas de problème, votre engagement peut tourner à l'entêtement absolu, ce qui, selon les circonstances, n'est pas nécessairement judicieux. Alors que le bon sens voudrait que vous changiez de cap, vous vous obstinez à être fidèle à votre décision initiale, prisonnier(ère) de votre sens de l'engagement.

Pour mieux vivre

Apprenez à relativiser. Quand vous sentez que vous bloquez sur un engagement (par exemple : « j'ai dis que j'irai faire les courses ce matin »), oubliez que vous vous êtes engagé(e) et analysez la situation (par exemple : ce matin, il y aura du monde dans les magasins, alors qu'en début d'après-midi, je mettrai moins de temps à faire les courses...) puis prenez votre décision en fonction de votre bon sens et non plus de la parole donnée.

B – Majorité de « b » : votre volonté est au service de l'action

Vos atouts

Pas besoin de réfléchir longtemps : vous prenez vos décisions rapidement et vous foncez. Ambitieux(se), vous disposez d'une grande énergie et donc d'une bonne efficacité. De loin, vous donnez l'impression que tout vous réussit. En fait, vous avez une audace incroyable. Vous osez. Vous créez la surprise. Et comme rien ne vous arrête quand vous avez décidé quelque chose, vous ne voyez ni les difficultés ni même les « impossibilités ». Si un obstacle surgit, vous ne vous découragez pas : vous mobilisez toutes vos ressources pour résoudre le problème. Vous agissez avec enthousiasme, réagissez avec maîtrise et gagnez « à l'arrachée ».

Vos points faibles

Vous avez une volonté à toute épreuve. Vous vous sentez capable de prendre tous les risques. Mais attention : tous les risques ne sont pas bons à prendre. À ne rien calculer, à ne rien anticiper, vous pouvez vous montrer imprudent.

Pour mieux vivre

Votre forte volonté s'apparente bien souvent à de l'audace : il est important que vous appreniez la patience, la réflexion, afin que votre audace ne devienne pas imprudence.

Dans le secteur sanitaire et social

L'imprudence peut avoir de graves conséquences. Vous n'avez pas le droit de faire prendre des risques à vos patients parce que vous êtes quelqu'un de pressé ! Apprenez à attendre, à prendre le temps et à être rigoureux, qualité essentielle dans les métiers du soin et de la santé.

SITUATION

ÊTRE PATIENT POUR AIDER LES PATIENTS !

Pierre fait un stage d'aide-soignant dans un centre de rééducation fonctionnelle. C'est l'heure des repas et Pierre sert un plateau a Monsieur B. qui visiblement a du mal à utiliser sa main droite. Pierre est plein de bonne volonté et il est impatient que tout le monde ait fini de déjeuner. Il se met à donner à manger au patient qui est un peu gêné. L'AS référent l'arrête, coupe les aliments et laisse le patient utiliser sa fourchette en le guidant.

Le professionnel explique ensuite à son stagiaire : « notre rôle n'est pas de faire les choses à la place du patient, mais de l'encourager à les faire lui-même. Il nous faut prendre le temps de le rendre autonome au maximum ».

C – Majorité de « c » : vous avez une forte volonté et le goût de l'effort

Vos atouts

Pour vous, la vie est un combat, voire un marathon. Il existe les gagnants et les perdants, et vous n'aimez pas perdre. Vous avez les pieds sur terre : vous choisissez avec réalisme les compétitions (ce peut être un[e] partenaire amoureux[se] ou un concours...) que vous voulez réussir. Le temps est votre allié. Vous savez vous préparer et mettre tous les atouts dans votre jeu. Endurant(e), vous êtes capable de travailler longtemps et beaucoup pour atteindre des objectifs parfois très longs et difficiles à atteindre.

Vos points faibles

Vous savez voir loin, vous fixer un cap et vous donner les moyens de l'atteindre. Mais dès qu'un imprévu survient, une urgence arrive, vous avez tendance à perdre vos moyens et devenir moins efficace. Vous prenez les problèmes parfois trop de front : si un « arbre » tombe en travers de votre route, vous allez tout mettre en œuvre pour l'escalader, le tronçonner sans penser à le contourner, tout simplement...

Pour vous améliorer

Vous avez une peur panique de l'échec. Alors vous vous obstinez sur une difficulté jusqu'à en venir à bout. Mais cette obstination vous complique la vie. Avant de foncer « sur l'arbre qui vous barre la route », soufflez, réfléchissez, prenez du recul, regardez la situation dans sa globalité pour voir quelle est la meilleure façon de régler votre problème.

D – Majorité de « d » : vous avez une volonté à votre mesure

Vos atouts

Pour vous, avant de vouloir, il faut déjà pouvoir. Alors, avant d'agir, vous réfléchissez : quels sont mes objectifs, sont-ils bien adaptés à mes capacités, quels en sont les freins, que faire si je rencontre un problème, etc. Vous ne prenez rien à la légère. Quand vous avez choisi ce que vous allez faire, vous avez déjà envisagé toutes les hypothèses. Ensuite, vous avancez dans votre projet avec prudence. Vous savez esquiver les problèmes. Vous ne comptez que sur vous.

Vos points faibles

Vous manquez d'enthousiasme à trop vouloir tout calculer à l'avance. Par conséquent, vous ne « surfez » pas sur les événements qui vous simplifieraient la vie, vous ne vous appuyez pas sur des personnes qui pourraient vous aider, vous prenez parfois des chemins compliqués pour obtenir des choses simples.

Pour vous améliorer

En étant plus naturel(le), plus spontané(e), votre vie sera plus simple. Essayer de moins anticiper, manœuvrer, manipuler... Comptez un peu plus sur vos amis et demandez ouvertement de l'aide quand vous en avez besoin !

E – Majorité de « e » : Vous avez peu de volonté personnelle

Votre profil

Vous avez tendance à exister en fonction de la volonté des autres. Ce qui se traduit par deux comportements opposés :

• soit vous voulez ce que les autres veulent et vous vous montrez plutôt discipliné(e). Dans ce cas-là, vous essayez de bien faire ce que vous avez à faire afin d'être apprécié(e) de tous ;

- soit vous vous opposez à la volonté d'autrui, vous n'êtes jamais d'accord et vous donnez de vous une image « révolté(e) ».

Mais, discipliné(e) ou révolté(e), vous réagissez en vérité plus aux autres que vous n'agissez de votre propre gré, pour vous.

Pour vous améliorer

Dans le premier cas, vous êtes « soumis(e) » aux volontés des autres. Alors, posez-vous systématiquement ces deux questions quand vous avez un choix à faire :

- est-ce bien pour moi que je fais cela ?
- si je fais ce choix-là, comment serai-je et que sera ma vie dans trois ou cinq ans ?

F – Majorité de « f » : vous voulez tout sans vouloir vraiment

Votre profil

Vous voulez tout, tout vous fait envie. Impulsif(ve), vous prenez des décisions et vous vous lancez dans des projets sans véritablement réfléchir aux conséquences : vous avez parfois du mal à aller au bout de vos idées, car cela demande de l'effort et de la ténacité. Enthousiaste, vous commencez mille et une choses et en finissez peu. Vous avez tendance à manquer de persévérance pour finir ce que vous avez commencé. Mais en fait, ce qui vous intéresse, ce n'est pas de faire aboutir vos projets, c'est de découvrir. Tout ce qui est nouveau vous attire, vous séduit. Puis, une autre nouveauté détourne votre attention et vous la portez ensuite sur autre chose...

Pour vous améliorer

Arrêter de vous disperser : faites un choix, un vrai, et foncez ! Et même si vous échouez, même si vous vous apercevez que ce choix ne vous convient pas, ce n'est pas grave : vous aurez été au bout de vos idées et vous aurez une certitude, une satisfaction.

G – Majorité de « g » : vous voulez, mais c'est compliqué ou impossible

Votre profil

Soit ce que vous voulez est compliqué à obtenir, soit ce que vous voulez est irréalisable.

Dans le premier cas, vous analysez les conséquences d'une façon négative et ce que vous voulez devient problématique.

Dans le second cas, vous courrez après des projets irréalistes, des sortes de rêves, sans vous donner réellement les moyens de les réaliser car dans la vie réelle, vous avez fait des choix qui n'ont rien à voir.

Pour vous améliorer

Dans le premier cas, il vous faut éviter de trop réfléchir car votre raisonnement rend les choses impossibles. Alors, foncez : quand vous avez décidé quelque chose, ne réfléchissez plus, agissez. Faites-vous confiance !

Dans le second cas, vous préférez en fait rêver votre vie que la vivre (c'est plus simple). Choisissez un rêve auquel vous tenez vraiment et allez au bout de vos idées, concrètement.

H – Majorité de « h » : vous voulez peu de choses

Votre profil

Vous voulez entreprendre le moins de projets possible pour être tout simplement tranquille. Vous prenez souvent les solutions de facilité, soit parce qu'elles demandent peu d'effort, soit parce qu'elles engendrent peu d'inconvénients. Il ne vous est pas aisé de vouloir, de décider, de vous investir. Vous trouvez toutes sortes de problèmes ou de freins à vos projets, ce qui vous empêche de les mener à terme. Quand vous avez des projets, ils sont réellement impossibles à réaliser... Bref, vous privilégiez votre confort à votre volonté.

Pour vous améliorer

Musclez votre volonté ! Pour se faire, faites une liste de cinq projets que vous auriez aimé effectuer dans le mois. Classez-les dans un ordre du plus facile au plus difficile à réaliser. Dès que ce travail est terminé, agissez ! Commencez tout de suite à mettre en œuvre le projet le plus simple et finissez par le plus difficile, le tout dans une durée d'un mois. Et puis, le mois suivant, recommencez avec de nouveaux projets.

→ VOTRE SYNTHÈSE N° 5

Cet espace vous est dédié. Faites le point sur les principaux atouts et/ou points d'améliorations que cette partie vous a permis de préciser. Privilégiez les atouts analysés dans les chapitres 10 et 11.

Argumentez vos atouts en vous en puisant dans votre expérience (souvenir personnel ou expérience professionnelle) afin de pouvoir les justifier lors de l'entretien.

Inscrivez vos points d'améliorations et les moyens concrets que vous allez mettre en place pour progresser.

Cette synthèse facilitera votre analyse pour la dernière partie « Exprimer sa motivation » qui traite du travail de préparation à l'entretien.

VOS ATOUTS

- Atout n° 1 :

....

....

Expérience personnelle

....

....

....

- Atout n° 2 :

....

....

Expérience personnelle

....

....

....

- Atout n° 3 :

....

....

Expérience personnelle

....

....

....

VOS POINTS D'AMÉLIORATION

- Point faible n° 1 :

....

....

Moyens concrets d'amélioration

....

....

....

- Point faible n° 2 :

....

....

Moyens concrets d'amélioration

....

....

....

- Point faible n° 3 :

....

....

Moyens concrets d'amélioration

....

....

....

PARTIE 6

Récapitulation : évaluer sa personnalité

Chapitre 13

Votre personnalité

La personnalité est l'ensemble des comportements formant l'individualité d'une personne, c'est-à-dire sa manière d'être. Elle est la synthèse entre les données innées ou génétiques et le vécu dans un certain milieu social. Même si la personnalité se définit par ce qui est relativement stable dans les actions et réactions de l'individu, elle n'est pas définitive et il est toujours possible d'évoluer.

1. Le questionnaire pour mieux vous connaitre

Ce questionnaire[1] est destiné à explorer les diverses facettes de votre personnalité.

Il est composé de 80 affirmations. Cochez celles qui vous correspondent. Installez-vous confortablement, prévoyez de ne pas être dérangé(e) pendant un quart d'heure et répondez le plus sincèrement possible, même si certaines affirmations vous paraissent loin de vous et de vos préoccupations.

Cochez les affirmations qui vous correspondent	Cochez ici
1. Vous pensez souvent que vos amis ou relations profitent de vous.	
2. Vous évitez les relations et les réunions familiales ou amicales.	
3. Vous avez besoin de l'accord de votre entourage pour agir.	
4. Vous ressentez de la colère ou de la honte lorsque l'on vous adresse une critique.	
5. Vous vous considérez plutôt seul(e), avec à peine un ami sur qui compter.	
6. L'avis ou les conseils d'autrui vous sont indispensables pour prendre une décision.	
7. Vous continuez à travailler sur un projet tant que vous n'en êtes pas pleinement satisfait(e).	
8. Vous remettez à demain ce que vous pouvez faire aujourd'hui.	
9. Il vous arrive de commettre des actes de violence pour dominer l'autre.	
10. Vous êtes attiré(e) par des personnes qui vous déçoivent par la suite.	

1. Depuis plus de quarante ans, médecins, psychologues et psychiatres du monde entier collaborent afin de définir des normes de « personnalité ». Les résultats de leurs observations sont régulièrement publiés dans un gros ouvrage de référence : *Diagnostic and Statistical Manual of Mental* (DSM). Nous l'avons ici simplifié et adapté.

11. Il vous arrive de douter de l'honnêteté de vos amis sans véritables raisons.	
12. Vous agissez, la plupart du temps, en solitaire.	
13. L'apparence physique est très importante pour vous.	
14. Vous avez souvent besoin d'autrui pour arriver à vos fins.	
15. Vous devez avoir la certitude d'être aimé pour aimer en retour.	
16. Vous laissez souvent les autres décider pour vous (même sur des points importants).	
17. Vous vous laissez souvent déborder par votre sens du détail, au point d'en oublier ce pour quoi vous agissiez.	
18. Vous devenez maussade, irritable ou pointilleux(se) quand on vous demande d'intervenir alors que vous n'en avez pas envie.	
19. Vous avez été capable d'humilier quelqu'un en public.	
20. Vous avez tendance à refuser l'aide des autres.	
21. Vous pensez que tout ce qui est dit ou tout ce qui arrive a une importance.	
22. Vous êtes de ceux qui gardent presque toujours leur sang-froid.	
23. Vous vous mettez souvent à sangloter sans pouvoir vous arrêter.	
24. Vous avez tendance à surévaluer ce que vous faites et ce que vous pouvez faire.	
25. Vous préférez les activités qui limitent les contacts avec les autres.	
26. Vous approuvez facilement les autres, même si, au fond, vous n'êtes pas d'accord.	
27. Vous obligez les autres à agir selon vos directives et pas autrement.	
28. Vous avez tendance à mal faire ce que vous n'avez pas envie de faire.	
29. Vous êtes capable de punir sévèrement une personne qui n'avait pas respecté un ordre que vous lui aviez donné.	
30. Vous pouvez avoir une sensation de tristesse ou de culpabilité à l'occasion d'un événement heureux.	
31. Vous ressentez souvent des désirs de vengeance.	
32. Vous ressentez rarement du désir sexuel.	
33. Vous ne vous sentez bien, dans un groupe, que quand vous monopolisez l'attention.	
34. Vous pensez qu'il est très difficile pour les autres de bien comprendre les difficultés que vous rencontrez.	
35. Vous évitez de prendre la parole en public de peur de vous désavantager.	
36. Vous peinez à aller au bout de vos idées ou de vos projets sans l'aide de quelqu'un.	

37. Vos études ou votre projet professionnel occupe la majeure partie de votre temps.	
38. Vous trouvez que les autres vous en demandent trop.	
39. Vous vous êtes déjà surpris(e) à ressentir un certain plaisir au spectacle de la souffrance d'autrui.	
40. Vous ressentez chez les autres de l'énervement ou du rejet à votre contact.	
41. Vous évitez les confidences de peur que l'on ne s'en serve pour vous nuire.	
42. Vous êtes indifférent(e) au regard (négatif ou positif) que les autres portent sur vous.	
43. Vous passez facilement du rire aux larmes.	
44. Vous vous perdez souvent dans des rêveries de folles réussites.	
45. Vous êtes très embarrassé(e) à l'idée que l'on vous surprenne dans un moment de faiblesse ou d'anxiété.	
46. Vous donnez facilement un « coup de main ».	
47. Vous avez tendance à reporter vos décisions au lendemain.	
48. Vous n'avez pas fini un dossier scolaire : vous prétextez que vous l'avez oublié.	
49. Vous avez déjà menti dans l'unique objectif de faire souffrir quelqu'un.	
50. Vous avez du mal à accorder de la reconnaissance à une personne qui cherche à vous faire plaisir.	
51. Vous réagissez violement quand on vous manque de considération.	
52. Vous ne supportez pas la frustration.	
53. Vous avez tendance à penser que tout vous est dû.	
54. Vous dramatisez les difficultés auxquelles vous n'avez jamais été confronté(e)s.	
55. Vous ne supportez pas la solitude.	
56. Vous pensez que les questions de morale exigent la plus grande rigueur.	
57. Vous estimez que vous n'êtes pas être reconnu(e) à votre juste valeur.	
58. Vous avez déjà tenté d'intimider quelqu'un qui refusait de vous obéir.	
59. Vous avez du mal à mettre toutes les chances de votre côté pour obtenir ce que vous voulez.	
60. Vous mettez facilement en doute la fidélité de votre petit(e) ami(e).	
61. Vous préférez être distant(e) avec les personnes que vous côtoyez.	
62. Vous êtes plutôt avare en détails dans vos explications.	
63. Vous agissez souvent en vue d'obtenir des compliments.	

64. Vous êtes totalement bouleversé(e) par la rupture (ou le divorce) d'un couple d'amis.	
65. Vous évitez de vous livrer complètement dans vos relations sentimentales.	
66. Vous trouvez vexantes ces suggestions visant à vous rendre plus efficaces.	
67. Vous avez déjà interdit ouvertement à un adulte de faire ce qu'il voulait.	
68. Vous restez distant(e) avec les personnes qui vous sont bienveillantes.	
69. Vous êtes incapable de vous mettre à la place des autres pour deviner ce qu'ils ressentent.	
70. Vous êtes préoccupé(e) par la peur d'être quitté.	
71. Vous évitez d'investir temps et argent si un gain personnel n'est pas à la clef.	
72. Vous êtes capable de refuser de faire quelque chose, au risque de pénaliser les efforts des autres.	
73. Vous êtes attiré(e) par les combats, les armes, les rivalités.	
74. Vous avez tendance à vous sacrifier, même si l'on ne vous a rien demandé.	
75. Vous jalousez de nombreuses personnes.	
76. Vous trouvez blessant d'être désapprouvé(e).	
77. Vous trouvez difficile de jeter des objets sans valeur financière ou sentimentale.	
78. Vous avez la critique aisée sur vos professeurs.	
79. Vous adoptez souvent une tenue ou un comportement aguicheurs.	
80. Vous ne gardez pas le souvenir de vos rêves. Ils s'effacent vite de votre mémoire.	

Combien avez-vous coché d'affirmations suivantes ?

1 – 11 – 21 – 30 – 41 – 51 – 60

Notez ici votre résultat :

Si vous avez coché **au moins 4** des ces affirmations, reportez-vous au paragraphe A, page 102.

Combien avez-vous coché d'affirmations suivantes ?

2 – 12 – 22 – 31 – 42 – 61

Notez ici votre résultat :

Si vous avez coché **au moins 4** des ces affirmations, reportez-vous au paragraphe B, page 103.

Combien avez-vous coché d'affirmations suivantes ?

3 – 13 – 23 – 33 – 43 – 52 – 62 - 79

Notez ici votre résultat :

Si vous avez coché **au moins 4** des ces affirmations, reportez-vous au paragraphe C, page 103.

Combien avez-vous coché d'affirmations suivantes ?

4 – 14 – 24 – 34 – 44 – 53 – 63 – 69 - 75

Notez ici votre résultat :

Si vous avez coché **au moins 5** des ces affirmations, reportez-vous au paragraphe D, page 103.

Combien avez-vous coché d'affirmations suivantes ?

5 – 15 – 25 – 35 – 45 – 54 - 76

Notez ici votre résultat :

Si vous avez coché **au moins 4** des ces affirmations, reportez-vous au paragraphe E, page 104.

Combien avez-vous coché d'affirmations suivantes ?

6 – 16 – 26 – 36 – 46 – 55 – 64 – 70 - 76

Notez ici votre résultat :

Si vous avez coché **au moins 5** des ces affirmations, reportez-vous au paragraphe F, page 104.

Combien avez-vous coché d'affirmations suivantes ?

7 – 17 – 27 – 37 – 47 – 56 – 65 – 71 - 77

Notez ici votre résultat :

Si vous avez coché **au moins 5** des ces affirmations, reportez-vous au paragraphe G, page 105.

Combien avez-vous coché d'affirmations suivantes ?

8 – 18 – 28 – 38 – 48 – 57 – 66 – 72 - 78

Notez ici votre résultat :

Si vous avez coché **au moins 5** des ces affirmations, reportez-vous au paragraphe H, page 105.

Combien avez-vous coché d'affirmations suivantes ?

9 – 19 – 29 – 39 – 49 – 58 – 67 – 73

Notez ici votre résultat :

Si vous avez coché **au moins 4** des ces affirmations, reportez-vous au paragraphe I, page 105.

Combien avez-vous coché d'affirmations suivantes ?

10 – 20 – 30 – 40 – 50 – 59 – 68 – 74

Notez ici votre résultat :

Si vous avez coché **au moins 5** des ces affirmations, reportez-vous au paragraphe J, page 106.

2. L'analyse du questionnaire

Vos résultats vous amènent certainement à consulter plusieurs paragraphes. Chaque paragraphe correspond à une personnalité type. Votre personnalité se compose du mélange des personnalités sélectionnées par vos résultats.

A – La personnalité égocentrique

Ce type de personnalité, plutôt nombriliste et jaloux, se traduit, à des degrés différents selon les individus, par une tendance à se sentir déstabilisé(e) ou menacé(e) par les actions et réflexions des autres.

Aspects positifs

Cette personnalité manifeste compétence, ambition, énergie, sang-froid, autonomie ainsi qu'un sens aigu des relations hiérarchiques.

Aspects négatifs

Cette personnalité, si elle n'est pas en position dominante, rencontre des difficultés d'intégration dans un groupe. Le contact avec les autres est froid, dépourvu d'humour et de tendresse. La méfiance domine dans les relations : la fidélité et la loyauté des amis ou collaborateurs sont mises en doute. Les critiques sont mal vécues, voire refusées. L'obstination peut tourner à la rancune et entraîner un goût prononcé pour les procédures.

B – La personnalité discrète solitaire

Ce type de personnalité est marqué par l'indifférence aux relations avec les autres, même avec sa famille. Le registre affectif s'en trouve réduit.

Aspects positifs

Cette personnalité, discrète et réservée, n'est pas perturbée par le jugement des autres et appréhende les événements avec une certaine distance. Elle supporte facilement les situations d'isolement.

Aspects négatifs

Cette personnalité n'est pas dans le partage avec les autres et offre peu de convivialité. Les objectifs personnels sont flous. L'indécision domine, dans les actions quotidiennes comme en situation d'urgence.

C – La personnalité émotive

Ce type de personnalité, particulièrement émotive, est constamment en quête d'approbations et d'attentions.

Aspects positifs

Cette personnalité compte plusieurs atouts, parmi lesquels l'enthousiasme, la créativité, l'intuition, le sens des contacts humains et de l'esthétique. Cette personnalité, vivante et vibrante, sait aussi se mettre en scène pour mieux séduire ou toucher.

Aspects négatifs

Cette personnalité recherche les satisfactions immédiates, les sensations fortes et inédites. Sa résistance au stress est faible. Ses analyses manquent d'objectivité et tombent facilement dans la dramatisation. Enfin, elle éprouve le besoin constant d'être rassurée et gratifiée.

D – La personnalité narcissique

Cette personnalité, très portée sur la comparaison, est sensible aux regards des autres. Elle est néanmoins incapable de se mettre à leur place et ressentir ce qu'ils éprouvent.

Aspects positifs

Cette ambitieuse personnalité évolue sur un échiquier ou au sein d'une compétition : il y a le vainqueur et les autres. Son besoin de réussite, personnelle ou professionnelle, est tel qu'elle est en permanence à la recherche de l'excellence. Elle sait s'imposer.

Aspects négatifs

Cette personnalité a tendance à considérer les autres comme des outils, lui permettant de parvenir à ses fins ou de se faire valoir. Mais si les autres réussissent mieux, c'est la jalousie qui prime. Le besoin d'être admiré et la surestimation de ses propres capacités l'amènent à très mal vivre l'échec. Ses objectifs s'avèrent souvent trop ambitieux ou peu réalistes.

E – La personnalité timide anxieuse

Les psychologues l'appellent « personnalité évitante » car il lui est difficile de nouer des relations avec les autres. Cette carence sociale engendre l'anxiété, la colère vis-à-vis d'elle-même et la déprime.

Aspects positifs

C'est une personnalité facile à vivre, particulièrement à l'école et au travail. Discrète, stable dans les relations humaines, elle agit avec méthode et applique les consignes consciencieusement. N'ayant pas peur de la solitude, cette personnalité fait preuve d'autonomie et sait travailler seul.

Aspects négatifs

Dépourvue de confiance en elle, cette personnalité accumule un grand nombre de peurs : peur de paraître à son désavantage, peur d'être critiquée, désapprouvée, etc. Par conséquent, il lui est difficile de s'imposer professionnellement et de s'adapter à une situation nouvelle sans se trouver déstabilisée et pessimiste.

F – La personnalité soumise

Cette personnalité fait preuve à la fois de soumission et de dévotion. On la rencontre plus souvent chez la femme que chez l'homme.

Aspects positifs

Certes, cette personnalité accepte docilement de se plier aux ordres, de respecter les consignes, de rendre des comptes, mais elle a aussi le goût des autres et ne craint pas de s'investir dans une relation, de couple ou de groupe.

Aspects négatifs

Manquant de confiance en elle, il est facile de faire douter cette personnalité de sa propre valeur. Elle a besoin d'être constamment rassurée, voire dominée, et redoute plus que tout l'abandon. Dépourvue d'autonomie, elle peine à vivre, décider et agir seule.

G – La personnalité perfectionniste

Cette personnalité droite et méthodique est plutôt masculine. Elle ne laisse pas de place au hasard et parfois trop peu à la chaleur humaine et aux plaisirs de la vie. Cette absolue rigueur peut générer des colères intériorisées, et même des dépressions.

Aspects positifs

Sa droiture prend appuie sur le respect des valeurs morales, pour un sens aigu des responsabilités. Cette personnalité possède en outre de belles capacités d'analyse et d'organisation qui la conduisent à diriger les autres avec aisance. Animée d'une forte conscience professionnelle, elle recherche la performance, aime la compétition et sait s'investir sur des projets à long terme.

Aspects négatifs

Faire plaisir, à soi-même comme aux autres, s'avère une tâche quasi impossible pour cette personnalité dévouée au travail. Obstinée, elle ignore la remise en question et ne fait pas de concession. La peur de l'erreur et de la perte de contrôle paralysent sa prise de décision, sa capacité à déléguer et à s'adapter aux changements.

H – La personnalité passive

Cette personnalité ne se situe pas dans le dépassement de soi-même : elle tend à résister à toute demande de performance, dans un contexte privé ou professionnel.

Aspects positifs

Cette personnalité sait faire preuve au quotidien de discrétion, de réserve et d'absence apparente d'agressivité. Elle évite soigneusement toute forme de conflit, dans la vie privée comme dans la vie professionnelle. Sa force réside dans une bonne gestion du stress et même de l'échec.

Aspects négatifs

Manque d'efficacité, de rapidité, de fiabilité, de bonne volonté : les tâches sont remises au lendemain, voire aux oubliettes, et sont accompagnées lors de leur réalisation, d'un concert de bouderies et d'irritations. Son analyse d'autrui est négative : une suggestion est vécue comme une agression, l'autorité est incompétente et les exigences des autres sont toujours démesurées...

I – La personnalité autoritaire

Cette personnalité, plutôt masculine et brillante en apparence, a un mode de fonctionnement fondé sur l'agressivité et la dévalorisation. Elle peut avoir des dérives « antisociales ».

Aspects positifs

Confiance en soi, ambition et goût du risque : voici l'alchimie pour n'avoir peur de rien ni de personne. Alors, quoi de plus facile pour cette personnalité que de s'affirmer, commander, orchestrer les activités des autres, décider, trancher ou encore affronter des conflits ! Puissance de travail et sens de la hiérarchie sont deux atouts supplémentaires au niveau professionnel.

Aspects négatifs

Cette personnalité prend peu ou pas en compte l'autre. Elle ignore ce que signifie donner de l'aide, écouter ou soutenir. Cet autoritarisme entraîne d'ailleurs des carences dans sa capacité à bien négocier.

J – La personnalité défaitiste

Cette personnalité est marquée par un manque de bienveillance et de discernement par rapport à elle-même. Cette conduite d'échec l'amène à subir des situations négatives et dévalorisantes, alors qu'elle possède en elle les ressources pour vivre mieux...

Aspects positifs

Animée d'une grande conscience professionnelle, cette personnalité est capable de travailler avec acharnement, en appliquant scrupuleusement les ordres et consignes venant de la hiérarchie. Plus à l'écoute des autres que d'elle-même, elle aide volontiers et apprécie le travail en équipe. Elle réagit avec aisance aux situations stressantes.

Aspects négatifs

La tendance destructrice de cette personnalité la pousse à refuser toute aide. Son manque d'ambition l'entraîne à n'utiliser qu'une petite partie de son potentiel. Elle subit cette « aimantation négative » sans même se rendre compte qu'elle est nuisible pour elle-même.

Chapitre 14

Atténuer les traits négatifs de sa personnalité

Identifier ses défauts, c'est un pas vers le mieux-être, c'est aussi savoir quels sont ses contraintes, ses limites. C'est important pour le choix d'une carrière sanitaire et sociale, et pour passer l'entretien. Mais si l'on ne peut pas se changer, on peut évoluer. Les conseils qui suivent ne sont pas des recettes. Ce sont des pistes de réflexion vers un équilibre de votre personnalité, pour atténuer vos faiblesses et les transformer, pourquoi pas, en atouts !

Ce chapitre a pour objectif de vous aborder vous-même sous un angle différent, ludique. Il regroupe des idées ou des pistes de réflexions pour améliorer vos points faibles. N'hésitez pas à répertorier les idées qui vous intéressent dans les rubriques « Vos synthèses N° » des parties 1 à 5 et à compléter vos « points d'amélioration ».

Selon vos résultats obtenus dans le chapitre précédent, reportez-vous aux personnalités types composant votre personnalité :

- 1 : la personnalité égocentrique, en page 107 ;
- 2 : la personnalité discrète solitaire, en page 109 ;
- 3 : la personnalité émotive, en page 110 ;
- 4 : la personnalité narcissique, en page 111 ;
- 5 : la personnalité timide anxieuse, en page 113 ;
- 6 : la personnalité soumise, en page 114 ;
- 7 : la personnalité perfectionniste, en page 115 ;
- 8 : la personnalité passive, en page 116 ;
- 9 : la personnalité autoritaire, en page 117 ;
- 10 : la personnalité défaitiste, en page 118.

1. La personnalité égocentrique

Pour cette personnalité, le vrai progrès consiste à « apprivoiser » l'autre, c'est-à-dire dompter sa propre peur de l'autre. C'est un travail sur soi lent, homéopathique, mais qui au final peut conduire à la découverte d'une richesse de vie et une richesse intérieure insoupçonnées.

A – La pensée de chaque seconde

« Les autres ne me menacent pas si je ne les menace pas. »

Dès que vous vous levez le matin, ou bien quand vous sentez venir en vous la méfiance et le doute, pensez à cette phrase : « les autres ne me menacent pas si je ne les menace pas ». C'est une recette simple pour positiver, pour voir la vie sous un meilleur angle, pour se sentir plus léger. La grande majorité des gens n'est pas malveillante (ou bienveillante) sans raison. Cette phrase, répétée jusqu'à devenir un réflexe, vous permettra de moins subir l'autre : c'est à vous que revient le choix d'être menaçant(e), et par conséquent, d'être menacé(e).

B – Le défi de tous les jours

« Je discute quelques minutes avec un(e) inconnu(e). »

Pourquoi discuter avec une voisine, un commerçant, une personne qui cherche sa route ou demande l'heure ? Pour s'exercer à aller vers l'autre, en premier lieu ! Apprendre à s'ouvrir, c'est aussi apprendre à se découvrir, dans les deux sens du mot : se dévoiler mais aussi faire connaissance avec soi-même. Ensuite, c'est pour vous l'occasion de passer un moment agréable avec quelqu'un qui n'attend rien de vous. Pas de pression ni d'enjeu à discuter de la pluie et du beau temps : quoi de plus simple pour apprivoiser l'autre !

C – Le loisir de la semaine

« Je pratique un sport d'équipe. »

Dans un sport d'équipe, les relations à l'autre sont clairement définies : l'autre est soit un partenaire, soit un adversaire. Avec vos partenaires, vous vous devez d'avoir un minimum de confiance en leur compétence et un esprit d'équipe afin de prendre en compte leur jeu. Vos adversaires sont « menaçants » car ils sont là pour gagner, donc vous faire perdre. Cela peut constituer une expérience structurante pour vous d'évoluer dans des règles du jeu simples, et qui, en fait, caricaturent les règles de la société.

D – Le progrès de chaque mois

« Je raconte une histoire que je trouve vraiment drôle à un(e) ami(e). »

Il y a dans ce « progrès du mois » un double objectif : d'abord, il s'agit pour vous d'être attentif à ce qui vous fait rire. Le rire rend léger. C'est, pour une personnalité « froide » comme la vôtre, un travail de recherche sur ce qui vous fait vibrer, vous réchauffe, vous plaît, vous étonne. Fouillez dans votre enfance, dans les personnages que vous avez croisés, regardez un DVD de comiques ou une comédie et partez à la recherche du rire en vous. Ensuite, il s'agit de restituer à l'autre ce qui vous a plu. Ce n'est pas toujours facile d'être drôle, mais partager s'apprend. Et partager le rire offre l'un des plus grands moments de chaleur et d'humanité.

E – La résolution du nouvel an

« Cette année, je me fais deux nouveaux amis ! »

Que signifie le mot « ami(e) » ? On apprécie un(e) ami(e) pour ses qualités, on connait ses défauts et on vit ensemble des moments importants. Très axé(e) sur vous-même, il ne vous est pas si facile de vous faire des amis : vous avez tendance à mal interpréter ce que l'on vous dit et vous redoutez de vous montrer dans votre vérité et votre fragilité. Cette année, choisissez une ou deux personnes avec lesquelles vous avez des points communs, des sujets de conversation. Organisez des occasions, repas ou sorties, pour faire plus amplement connaissance. Intéressez-vous à ces personnes : posez-leur des questions sur elles-mêmes, sur ce qu'elles vivent. Essayez de les comprendre, et surtout, de mettre des mots sur ce qui vous plaît en elle et ce qui vous plaît moins : ne restez pas dans l'impression vague et la sensation floue qui laissent la place au doute. Rappelez-vous que l'être humain parfait n'existe pas ! Ensuite, à vous d'entrer en piste : essayez de parler de vous, sans vous mettre en danger dans un premier temps, pour vous présenter, pour être compris(e). Vous avez su écouter, apprécier ? À votre tour, vous le serez aussi !

2. La personnalité discrète solitaire

Pour équilibrer cette personnalité solitaire, discrète et refermée sur elle-même, l'apprentissage du partage et du goût de la réalité peut constituer une expérience très constructive, même si elle reste difficile.

A – La pensée de chaque seconde

« Pour s'épanouir, il faut s'ouvrir aux autres. »

Vous êtes tourné(e) sur votre monde intérieur et vous avez tendance, au travers de vos rêveries, à fermer les portes à l'autre. Mais la vie, c'est l'échange. Il n'existe pas un organisme, ou même une cellule, qui puisse survivre sans échange d'eau, d'air et d'autres molécules avec l'extérieur. Alors, répétez-vous en boucle « pour s'épanouir, il faut s'ouvrir », avec la volonté que votre vie devienne plus réelle, plus intense.

B – Le défi de tous les jours

« Je me tiens informé(e). »

Que se passe-t-il dans mon pays ou dans mon quartier ? Quoi de neuf sur le secteur sanitaire et social dans lequel j'ai envie de faire carrière ? S'informer est un contact avec l'extérieur : il permet de comprendre les règles du jeu de la société et de vivre au « rythme » de l'actualité, de « vibrer à l'unisson ». On évite ainsi la sensation négative d'être en marge, en retrait du monde. Alors, qu'il s'agisse de presse spécialisée sur la santé et le social, de quotidien politique ou même de journal people, l'important est que vous trouviez du plaisir à savoir ce qui se passe autour de vous.

C – Le loisir de la semaine

« Je fais partie d'un club photo. »

Prendre une photo, c'est capter une réalité, avoir un point de vue, sélectionner un sujet et un cadrage, c'est prendre possession du monde à sa façon ! Dans certaines cultures, on se méfie de la photo car prendre l'image revient à prendre l'âme... Apprendre à faire de belles photos peut être l'occasion d'exprimer votre grande sensibilité, d'ouvrir vos yeux et vos sens vers l'extérieur et de prendre votre place dans le monde. Si vous n'avez pas de club photo près de chez vous, faites vos photos en solo, encadrez les meilleures et pourquoi pas, exposez-les dans un café, (c'est « tendance » !).

D – Le progrès de chaque mois

« J'organise un repas chez moi. »

Chaque mois, fixez-vous l'objectif d'organiser un repas chez vous. Qui inviter ? Que préparer pour le dîner ? Comment faire de cette soirée un moment délicieux pour tous et important pour moi ? Ne vous ménagez pas, prenez le temps de vous renseigner sur les goûts de vos convives, de prévoir des jeux de société, de préparer une petite surprise à offrir à chacun(e) en fin de soirée... Faire plaisir demande quelques efforts qui seront récompensés au centuple ! Et vous verrez que mois après mois, l'idée de repas sera contagieuse et la convivialité se multipliera.

E – La résolution du nouvel an

« Cette année, je découvre une nouvelle région. »

Explorer notre pays est la plus belle façon de sortir de soi-même ! Alors fixez votre attention, pendant une année, sur une région de votre choix et abordez-la avec tous les moyens dont vous disposez : allez voir des reportages ou des expositions, lisez des livres dans une bibliothèque, épluchez les articles de presse, programmez un voyage. Devenez une explorateur(trice), soyez précis(e), patient(e) : pas à pas, vous construisez votre connaissance d'un autre environnement (et d'autres personnes par la même occasion)... et vous vous construirez vous-même !

3. La personnalité émotive

La fragilité de cette personnalité réside dans le fait qu'elle ne se projette pas dans l'avenir et a tendance à disperser son être et son énergie. Apprendre à se recentrer, à être à l'écoute de son moi profond va permettre de prendre du recul par rapport au regard des autres et à s'envisager autrement que dans l'instant.

A – La pensée de chaque seconde

« Demain se prépare aujourd'hui. »

Prévoir et anticiper : même si ces deux attitudes sont loin de votre personnalité, gardez à l'esprit cette petite phrase pleine de sagesse ancestrale. Chaque acte que nous faisons (ou que nous ne faisons pas) a des conséquences. Nous sommes tous ancrés dans le temps : notre passé, notre présent et notre avenir sont intimement liés. À méditer !

B – Le défi de tous les jours

« Je m'isole et m'accorde cinq minutes de relaxation par jour. »

Capté(e) par le jugement des uns et des autres, dispersé(e) par la variété des émotions qui vous traversent, il arrive un moment dans la journée où vous êtes fragilisé(e). C'est alors que vous vous retrouvez au bord des larmes, du fou rire ou de la crise de nerf, au bord de vous-même. Stoppez tout ! Cherchez un endroit calme, asseyez-vous et faites le vide dans votre tête jusqu'à ne plus sentir que votre sensation d'exister. Écoutez votre respiration. Vous pourrez arrêter lorsque vous aurez atteint calme profond et détachement.

C – Le loisir de la semaine

« Je pratique du yoga. »

Le yoga est bénéfique pour l'esprit et le corps. Mais ce qui correspond particulièrement bien à votre personnalité, c'est son aspect philosophique. Yoga signifie « union » en sanskrit, et plus précisément l'union de son âme avec l'esprit universel. Le yoga aide à trouver l'harmonie en prenant conscience de ce qui est durable, inchangeable en soi-même. Cette activité peut vous aider à trouver votre propre vérité et à ne plus dépendre du regard des autres.

D – Le progrès de chaque mois

« Je change un élément de mon look et je ne consulte personne. »

Chaque mois, faites ce petit bras de fer avec vous-même : changez de coupe de cheveux, de style de sac, mettez un bijou si vous n'en portiez jamais, tentez les tee-shirts à rayures si vous êtes habitué(e) aux pois et ne cherchez l'avis d'aucun. Personne ne remarque rien ? Vous ne vous en souciez pas. Des critiques, des compliments ? Vous ne les entendez même pas. Attention, cet exercice est plus difficile qu'il n'y paraît !

E – La résolution du nouvel an

« Cette année, je crée ! »

Vous appréciez le beau et le bon ? Devenez créateur de beau ou de bon ! Peinture, sculpture sur bois, poterie, création de bijoux fantaisie, musique, écriture de chansons, photos, *scrapbooking*, décoration de votre intérieur : relevez les manches et créez l'objet ou le projet qui vont vous donner une force nouvelle. Oui, vous êtes capable d'inventer, d'innover et de façonner des choses qui traversent le temps...

4. La personnalité narcissique

Cette personnalité a le sens de la réussite, mais à quel prix ? Toujours sous pression, toujours à mettre la barre très haut, voire trop haut, au risque de se décevoir... Cette personnalité va s'équilibrer en s'humanisant, en étant moins exigeante avec elle-même et en découvrant la richesse que l'autre peut lui apporter.

A – La pensée de chaque seconde

« L'erreur est humaine. »

Se tromper ne fait de personne un idiot ou un perdant. On n'est pas toujours ce qu'on fait. L'erreur a même des vertus : elle nous permet de réfléchir, d'envisager autrement une situation, de se poser les bonnes questions... L'erreur fait partie de la vie, au même titre que la réussite. On doit éviter de faire des erreurs, mais on ne peut s'interdire le droit à l'erreur. Pensez de temps en temps à cette vieille maxime « l'erreur est humaine », cela vous permettra de faire baisser la pression et de mieux respirer.

B – Le défi de tous les jours

« J'écoute quelqu'un avec attention et je me mets à sa place. »

Vous n'avez pas de temps à perdre à écouter les autres ? Alors, écoutez-les autrement et vous ne vous ennuierez plus. Cette personne vous parle de son chat, elle n'arrête pas de s'inquiéter pour lui et pour rien. Mais voyez-vous toute la tendresse dont elle est capable, entendez-vous sa solitude, imaginez-vous quelle a été son histoire pour considérer un chat de cette façon ? Mettez-vous à la place de l'autre et vous verrez que vous pouvez tout comprendre et que vous êtes capable de vivre mille vies.

C – Le loisir de la semaine

« Je fais de la relaxation. »

Telle une cocotte minute, vous êtes toujours sous pression et il est bon d'apprendre à lâcher la vapeur. La relaxation vous permet de faire le vide en vous et de vous rééquilibrer. Apprenez les techniques de respiration en intégrant un cours. Ensuite, il vous suffira de vous isoler, chez vous ou ailleurs, pour vous calmer, vous détendre, vous ressourcer et relativiser.

D – Le progrès de chaque mois

« Je participe à des actions humanitaires. »

Vous avez tendance à utiliser l'autre ? Inversez la tendance et devenez utile à l'autre. Participer à des collectes alimentaires pour un pays en difficulté, aider les enfants de milieux défavorisés à faire leur devoir, apprendre le français aux immigrants, tenir des permanences à la Croix-Rouge : voici quelques idées pour vous mettre au service des autres. Attention : l'enjeu, c'est autrui, pas votre égo ! Alors, pas de sentiment de supériorité ou d'autosatisfaction : l'exercice consiste véritablement à vous mettre à disposition d'une collectivité. C'est uniquement dans ce cadre-là que vous en retirerez une profonde satisfaction.

E – La résolution du nouvel an

« Cette année, je ne prends aucune résolution. »

Votre envie de réussir est toute à votre honneur. Votre personnalité vous amène à toujours avoir un projet, un défi, un objectif à transformer en succès. Nous n'allons pas ici en rajouter. Pour mieux vivre avec vous-même, ne perdrez pas de vue que votre réussite sociale doit s'équilibrer avec votre tension intérieure. Analysez bien vos motivations et mettez votre belle énergie au service d'objectifs qui vous conviennent vraiment, en termes de sens et de difficultés, indépendamment du regard des autres.

5. La personnalité timide anxieuse

Cette personnalité est fragilisée par un grand nombre de peurs. Affronter ces peurs est une solution pour les dépasser. Se construire des « certitudes » peut l'aider aussi à limiter ses angoisses. Enfin, s'accepter et être plus tolérant(e) envers soi-même est un vrai travail de fond pour parvenir à l'ouverture vers l'autre et vers la vie.

A – La pensée de chaque seconde

« Ma force s'arrête là où ma peur commence. »

La peur, à l'origine, est un reflexe sain destiné à avertir d'un danger : il génère la prudence. Mais, dans votre cas, les peurs sont multiples et forment, comme dans *La guerre des étoiles*, un « côté obscur ». Vos peurs vous paralysent dans vos relations avec autrui et vous empêchent d'exister sereinement. Alors déclarez la guerre à la peur et ne laissez plus vos angoisses prendre le dessus.

B – Le défi de tous les jours

« Je tiens un journal pour voir clair en moi. »

Savez-vous pourquoi vous avez parfois le « moral à zéro » ? Connaissez-vous précisément la source de vos angoisses et de vos tristesses ? Beaucoup de choses sont confuses dans votre esprit et c'est dans la confusion que loge la peur. Alors, le soir, allongez-vous, prenez un cahier, un crayon et jouez au détective. Comment s'est passée votre journée ? Qu'est-ce-qui vous a plu ? Déplu ? Quelles difficultés avez-vous rencontrées ? Pourquoi avez-vous réagi de cette façon ? Faites la lumière sur vos zones d'ombre. Se mettre à chercher, c'est déjà trouver un peu !

C – Le loisir de la semaine

« Je fais du théâtre. »

Il paraît que les meilleurs acteurs sont de grands timides ! Alors pensez que personne n'est parfait : autorisez-vous à apparaître sous les feux de la rampe et portez haut la voix devant un public. Faire du théâtre fascine ou effraie et l'expérience n'est jamais neutre. Caché(e) derrière le « masque » d'un personnage, vous pouvez exister autrement, jouer la comédie et surtout explorer toutes les facettes de votre être. Bien sûr, ce sera la panique au début, mais jouer deviendra de plus en plus facile. Courage !

D – Le progrès de chaque mois

« Je propose et je dispose. »

Ce ne sont pas vos démons qui vont gouverner : reprenez le pouvoir et prenez la parole ! Une fois par mois pour commencer, c'est vous qui proposez, sans tenir compte du jugement de qui que ce soit. Commencez par de petites initiatives : je fais un gâteau pour dimanche, je propose qu'on joue aux cartes... Augmentez progressivement l'impact de vos propositions : c'est moi qui conduit, je vais au cinéma ce soir, j'organise une soirée ce week-end, je pars en Bretagne cet été... C'est vous qui êtes au volant de votre vie !

E – La résolution du nouvel an

« Cette année, je me fais deux nouveaux ami(e)s. »

Vous voyez plus clair en vous, grâce à vos mises au points quotidiennes, vous avez pris un peu d'assurance avec le théâtre (*cf.* ci-dessus) et vos propositions mensuelles : c'est le moment d'aller vers l'autre. Choisissez quelqu'un en fonction de vos affinités et organisez les occasions de mieux faire connaissance : repas chez vous, soirées cinéma, promenade en forêts, visite de châteaux ou de musées, etc. N'attendez rien en retour. Vous seriez déçu(e) et vous vous refermeriez sur vous-même. Allez vers l'autre, tout simplement parce que c'est bénéfique pour vous !

6. La personnalité soumise

Cette généreuse personnalité n'est avare ni en attention ni en tendresse. Elle sait donner d'elle-même et se donner à l'autre. Mais ce don de soi la rend dépendante et c'est là toute sa fragilité. Pour conserver son intégrité, il lui faut apprendre à se protéger.

A – La pensée de chaque seconde

« Je pense à moi donc j'existe. »

Votre « fonctionnement » repose sur un paradoxe de l'âme humaine : « donner enrichit ». Se donner à sa famille, à une mission, à un hôpital, c'est beau ! Mais que se passe-t-il lorsque l'autre ou les autres ne veulent plus prendre ? Vous vous sentez dépossédé(e), ruiné(e). Alors, donnez-vous à vous-même un minimum pour survivre en cas de difficulté. Ne vous oubliez pas et prenez soin de vous !

B – Le défi de tous les jours

« Je m'accorde une heure par jour (uniquement pour moi). »

Comme c'est bon d'être égoïste de temps en temps ! Accordez-vous 1 heure chaque jour. Prévenez votre entourage que cette heure est sacrée et que vous ne pouvez être dérangé(e) sous aucun prétexte. Que faire de cette heure ? Vous occuper de vous : une heure de soins dans la salle de bain, 1 heure de marche pour vous vider la tête, 1 heure à ne rien faire... une heure pour vous, c'est trop ? Vous donnez bien les 23 autres !

C – Le loisir de la semaine

« Je m'accorde un loisir "prioritaire". »

Comme pour votre heure quotidienne, prévenez votre entourage que votre temps de loisir est sacré et qu'il n'est pas envisageable pour vous de le manquer. Choisissez une activité dans laquelle vous vous faites du bien, telle que la création ou le sport. Et n'oubliez pas : votre loisir est prioritaire !

D – Le progrès de chaque mois

« Je parle de moi et de ce que j'aime faire. »

Vous avez tendance à ne pas vous accorder beaucoup de temps, d'amour et, en fait, d'importance. Apprendre à parler de vous, de ce que vous aimez, en votre nom, va vous permettre de vous affirmer et d'être identifié(e) autrement que par ce que vous pouvez apporter aux autres : vous êtes une personne autonome, qui a ses goûts, ses envies et une vie bien à elle.

E – La résolution du nouvel an

« Cette année, c'est moi qui décide ! »

Dans l'affirmation « je décide », le plus compliqué pour vous n'est pas le verbe « décider », mais le pronom « je » ! Vous avez tendance à l'oublier dans votre conjugaison. Mais dire « je » est fondamental : le « je » n'est pas « tu » ou « vous ». Chacun a sa place, son existence. Il y a une distance entre chaque être, une distance salutaire qui génère le respect. Et quand vous direz « je » en toute aisance, vous n'aurez plus de difficulté à décider...

7. La personnalité perfectionniste

Tout n'est que rigueur, précision et sérieux avec cette personnalité puriste. Mais le danger est que la droiture devienne raideur et qu'au moindre changement... ça craque ! Même s'il lui est difficile de se remettre en question, cette personnalité gagnerait à faire entrer un peu de légèreté et de fantaisie dans sa vie.

A – La pensée de chaque seconde

« Le roseau plie, le chêne rompt. »

Vous êtes solide et fort(e), rien ne vous perturbe, vous avez le goût de la compétition et aimez gagner. Félicitations ! Mais ne vous enfermez pas dans trop de certitudes. Gagnez en souplesse ! La vie est parfois si déroutante. La fable du chêne et du roseau de Jean de la Fontaine peut être un bon sujet de réflexion pour aller plus loin dans vos succès : le chêne est fort et le roseau se courbe au moindre souffle de vent – la tempête arrive, le roseau ploie et le chêne est déraciné...

B – Le défi de tous les jours

« Je m'occupe d'une plante verte. »

Ce défi vous semble bien futile et simple à relever : une bonne exposition, un peu d'eau tous les jours et le tour est joué. Oui, mais il s'agit d'une plante éphémère, fragile, vivante, qui ne sert à rien d'autre que d'être belle. S'en occuper signifie être attentif à la couleur du feuillage, découvrir comment elle réagit selon les saisons, deviner si elle a besoin d'engrais. Toutes ces notions vous semblent superflues ? Alors cette plante vous apportera plus que vous ne l'imaginez (attention : les cactus et autres plantes sans entretien sont hors-jeu !).

C – Le loisir de la semaine

« J'apprends à danser. »

Danse classique, rythmique, valse à trois temps ou tango argentin : choisissez votre tempo et laissez votre corps suivre le mouvement. La musique possède une puissance démesurée : elle fait vibrer l'âme et le corps, elle est à la fois fantaisiste et essentielle, elle nous apprend que la vie n'est pas si sérieuse. Alors, soyez léger(e), souple, entrez dans la danse et défoulez-vous !

D – Le progrès de chaque mois

« J'organise une petite fête chez moi. »

Chaque mois, fixez-vous l'objectif d'organiser un repas festif chez vous. Avec un joli buffet plein de couleurs et de la bonne musique, pendant quelques heures, mettez-vous en fête. Discutez avec vos amis de sujets légers, cherchez l'humour et la fantaisie, ne calculez rien et ne pensez qu'au présent. À vous de jouer !

E – La résolution du nouvel an

« Cette année, je m'offre un beau cadeau. »

Qu'est-ce qui vous ferait plaisir ? Vous abonner à une revue sur le milieu sanitaire et social ? Découvrir une ville ou un festival ? Faire une vraie journée de shopping ? Cette année, prenez le temps de choisir votre cadeau puis donnez-vous les moyens de l'acquérir. Juste pour vous. Juste pour vous faire plaisir. Ensuite, vous pourrez envisager d'essayer de faire plaisir à quelqu'un. Mais chaque chose en son temps !

8. La personnalité passive

Cette discrète personnalité se braque facilement car la volonté d'autrui est vécue comme une agression. Comment éviter ces blocages qui l'empêchent d'être sereine et peut-être même d'évoluer ? Et s'il lui fallait engager une vraie lutte contre elle-même pour apprendre à ne pas renoncer devant la difficulté et à ne pas subir les autres...

A – La pensée de chaque seconde

« Agir pour ne pas subir. »

Vous n'êtes pas compliqué(e) : vous n'aspirez qu'à la tranquillité. Mais dès que l'on vous sollicite, c'est déjà trop vous demander... Car pour vous, vous demander quelque chose, c'est vous prendre votre temps et votre énergie ! Alors, vous subissez les autres, les examens, les devoirs... Et si vous agissiez au lieu de subir ? Prenez les devants, anticipez, faites avant que l'on ne vous demande de faire : c'est valorisant et vous vous sentirez plus fort(e) !

B – Le défi de tous les jours

« Je tiens un journal de bord. »

En fin de journée, consacrez-vous une petite heure à faire le point avec vous-même pour analyser où vous en êtes et ce qui vous a été pénible à vivre. Isolez-vous dans un endroit calme, installez-vous confortablement et prenez un crayon, un cahier : identifiez ce qui vous a agressé et surtout pourquoi cela a cet effet sur vous. Et posez-vous toujours cette question : « et si les demandes des autres, ou les difficultés en général, me permettaient de vivre des choses nouvelles, voire intéressantes ? »

C – Le loisir de la semaine

« Je fais du vélo. »

Chaque semaine, vous définissez un parcours de plus en plus long. Le vélo n'est pas une activité facile. C'est un sport d'endurance qui requiert le gout de l'effort. En adaptant votre trajet à vos capacités, vous pouvez augmenter progressivement la difficulté. Et vous verrez que, petit à petit, vous arrivez à monter des côtes que vous ne montiez pas avant, que vous atteignez des lieux sympathiques dont vous ignoriez l'existence et... que vous avez des capacités dont vous n'aviez pas conscience.

D – Le progrès de chaque mois

« Je rends service. »

Donner à l'autre, ce n'est pas se déposséder. Bien au contraire. Pour le découvrir, chaque mois, essayez de rendre un service à votre voisinage ou votre entourage familial et amical : promenez le chien, allez chercher le journal, postez le courrier de la voisine, faites les courses du grand-père, etc.

E – La résolution du nouvel an

« Cette année, je relève un défi. »

Quelle est la manière la plus plaisante d'apprendre à ne pas renoncer devant une difficulté ? C'est de choisir la difficulté ! À vous de définir le défi que vous allez relever cette année : préparer au mieux son concours aux carrières sanitaires ou sociales, faire un régime, renoncer à la cigarette, aider sa famille, etc. Ce défi est un moyen de découvrir le dépassement de soi et fixe votre cap vers plus de constance et de force.

9. La personnalité autoritaire

Cette personnalité évolue dans un monde où les autres n'ont pas de réelle existence. Apprendre à donner de l'importance, de la consistance aux personnes peut être un exercice long et fastidieux, mais qui au final donnera à ses qualités de meneur(euse) leur pleine dimension.

A – La pensée de chaque seconde

« Ne fais pas à autrui ce que tu ne veux pas que l'on te fasse. »

Cette maxime est la base du respect. Vous avez tendance à passer en force, utiliser l'intimidation et dévaloriser ceux qui ne sont pas d'accord avec vous ? Comment réagiriez-vous si l'on vous traitait de cette façon ? Êtes-vous sûr(e) que cela ne vous arrivera jamais ? Récitez cette maxime avant vos contacts avec vos amis ou connaissances afin de l'avoir à l'esprit. Respecter l'autre vous évitera de vous sentir seul(e) ou de vous retrouver seul(e)...

B – Le défi de tous les jours

« Je tiens à jour un "carnet des autres". »

Le « carnet des autres » est un cahier sur lequel vous listez les gens avec qui vous évoluez au quotidien et notez ce que vous découvrez d'eux. L'idée est de donner de la consistance aux personnes qui vous entourent. Un « nom – prénom », une colonne « les points de sa personnalité que j'aime », une colonne « les points que j'aime moins » : à vous de réfléchir un quart d'heure chaque jour et de répertorier ce qui vous attire et ce qui vous attire moins chez les autres. C'est peut-être aussi une façon de tenir « un carnet de soi-même ».

C – Le loisir de la semaine

« Je pratique un sport collectif. »

Hand, basket, volley, foot, etc. : les sports collectifs sont nombreux, variés et ont tous en commun une règle du jeu et un esprit d'équipe. Ici, on ne gagne pas seul. Tout le monde est à égalité (pas ou peu de hiérarchie), chacun a un rôle précis et représente un maillon essentiel vers la victoire. À vous de jouer !

D – Le progrès de chaque mois

« Je cultive une relation privilégiée. »

Choisissez un(e) amie(e) ou du moins une connaissance avec qui vous avez plus affinités que les autres. Chaque mois, au moment d'un repas que vous aurez organisé, essayez de devenir « intime », c'est-à-dire de le(la) connaître, sans rapport de force, sans intrusion dans sa vie privée, en essayant de savoir ce qui lui fait plaisir ou ce qui lui fait de la peine, et en retour, soyez capable de vous livrer, vous abandonner, vous montrer plus fragile que vos apparences ne le laissent penser.

E – La résolution du nouvel an

« Cette année, j'aide quelqu'un. »

Tout le monde a besoin d'un petit coup de main. Faites les courses de vos parents une fois par mois, arrosez les plantes de votre voisine pendant qu'elle est en vacances, aidez votre neveu à faire ses devoirs, etc. Dites-vous qu'aider quelqu'un, c'est découvrir un monde nouveau : la façon dont on vous regarde et celle dont vous vous regarderez vous-même s'en trouvera changée !

10. La personnalité défaitiste

Pour se construire et dépasser son attitude peu bienveillante envers elle-même, cette personnalité gagne à s'estimer, se découvrir, réaliser des actions valorisantes et être indulgente envers ses petites faiblesses.

A – La pensée de chaque seconde

« Prendre soin de soi comme une mère de son enfant. »

Imaginez-vous choisir le pire pour votre enfant ou futur enfant ? Non, bien sûr ! Vous allez tout mettre en œuvre pour satisfaire ses besoins essentiels, pour le protéger pour veiller à son bon développement moral et physique. Dès à présent, appliquez à vous-même le traitement que vous réserveriez à cet enfant. Prenez du temps chaque jour pour vous, partez à la découverte de vos talents et de vos sources de joies, et quelles que soient les difficultés que vous rencontrez, faites de votre mieux.

B – Le défi de tous les jours

« Je m'occupe de moi. »

Chaque jour, accordez-vous une heure minimum pour être aux petits soins de... vous ! Soigner son look, se concocter des tisanes ou des jus de fruits frais, faire des abdos, respirez des huiles essentielles, visionner un DVD amusant ou lire un magazine people en écoutant un bon CD, etc. : à vous de choisir ce qui vous procure le plus de plaisir et de bien-être. Oui, vous le valez bien !

C – Le loisir de la semaine

« Je m'occupe d'autrui. »

Dans la majorité des villes et parfois même des quartiers, des associations accueillent les enfants après l'école, pour les aider à faire leurs devoirs. Une fois par semaine, faites du bénévolat au sein d'un tel groupe : aider des enfants à progresser est un projet véritablement gratifiant. Cette initiative peut être aussi valable dans une maison de retraite ou dans un hôpital. Plus qu'un loisir, devenir un(e) professionnel(le) dans l'accompagnement des plus fragiles (enfants, personnes âgées, malades, etc.) vous est tout indiqué : cette activité vous permettra aussi d'apprendre à aimer l'autre, vous sentir utile et vous aimer un peu...

D – Le progrès de chaque mois

« Chaque mois, je me découvre un nouveau talent. »

Pour se découvrir, multipliez les expériences constructives. Faites du bon et du beau ! Cuisine, couture, dessin, musique, photos, animation ; avec un peu d'envie, les occasions de créer et de faire plaisir ne manquent pas. Et si vous vous sentez vraiment à l'aise dans une activité, n'hésitez pas à en faire un loisir.

E – La résolution du nouvel an

« Cette année, je fête mon succès. »

Chaque année, menez à bien un projet valorisant sur vous-même. Par exemple, ce peut être de perdre deux kilos si vous souffrez d'un peu d'embonpoint, de prendre un cours de musique si vous avez le coup de cœur pour un instrument, de supprimer la cigarette car cela va contribuer à votre bien-être... Ne mettez pas la barre trop haute, votre projet doit d'abord être réaliste et faisable. L'objectif est de le réussir par étapes et de vous convaincre, petit à petit, que vous disposez de qualités suffisantes pour réussir... à vous construire !

Chapitre 15

Les qualités attendues dans le sanitaire et le social

Il n'existe pas une personnalité type qui corresponde aux métiers à caractère sanitaire ou social. Les personnalités que nous venons d'étudier peuvent trouver leur place, en corrigeant ou améliorant certains traits. Ce qu'il s'agit d'éclairer ici, ce sont les qualités importantes à posséder pour s'épanouir dans ce milieu, à développer si on ne les a pas ou peu, et à mettre en avant lors de l'entretien.

LES MOTS-CLÉS

Goût des autres – ouverture d'esprit – attention – respect – écoute – patience – disponibilité – intérêt pour les problèmes humains – observation – sens de l'adaptation – conscience professionnelle – sens de l'organisation – stabilité émotionnelle – goût du travail en équipe – créativité – résistance à la fatigue – force physique – équilibre psychologique

1. Les qualités générales et traits particuliers

Ce paragraphe est une synthèse des atouts et qualités que nous avons pu mettre en lumière dans les chapitres précédents.

A – AIMER travailler au service de l'autre

D'une manière générale, si vous êtes sincèrement intéressé(e) par les métiers du sanitaire et du social, c'est déjà que vous en possédez la qualité essentielle : le goût des autres.

Qu'est-ce que « le goût des autres » ?

– *C'est aimer le contact, l'échange, le relationnel* : c'est donc être au quotidien attentif(ve), attentionné(e) et respectueux(se), être avide d'échanger et de communiquer avec l'autre.

– *C'est ne pas avoir d'*a priori, c'est-à-dire de jugement arrêté, d'idée toute faite sur les gens et leur façon de vivre ; c'est avoir suffisamment d'ouverture d'esprit pour être capable de prodiguer la même qualité de soin quelle que soit la personne.

– *C'est savoir écouter* : écouter pour comprendre la demande, le besoin d'autrui et trouver une solution pour y répondre ; c'est aussi écouter pour soulager, parce que parler, ça fait du bien.

– C'est savoir *faire preuve de patience et de disponibilité* à tout moment de la journée, particulièrement dans les métiers liés à l'enfance.

– C'est aussi *avoir de l'intérêt pour les problèmes humains et/ou sociaux.* Cet intérêt peut aller jusqu'à l'engagement personnel, qui engendre par exemple une recherche au quotidien d'informations pour répondre aux situations des personnes en difficulté.

B – POUVOIR travailler au service de l'autre

Les métiers du secteur sanitaire et social exigent des qualités relationnelles mais aussi, comme nous venons de le voir, des qualités liées au fonctionnement propre de ces professions. Il est nécessaire :

- d'avoir le sens de l'adaptation, de l'organisation, l'esprit d'initiative, le goût du travail en équipe et une bonne dose de dynamisme pour travailler en équipe ;
- d'être doté d'un bon équilibre psychologique pour savoir se protéger et prendre du recul face à la souffrance et à la mort ;
- d'avoir un sens aigu de l'observation pour détecter tout changement dans l'état d'un patient ;
- de savoir respecter et appliquer des procédures avec conscience professionnelle (fiabilité) ;
- d'être doté d'une bonne stabilité émotionnelle pour faire face à des situations d'urgence, de conflits, voire d'agressivité ;
- de faire preuve par ailleurs d'imagination et de créativité, notamment pour organiser les animations, aussi bien auprès des enfants que des personnes âgées ;
- enfin de posséder des qualités physiques telles que la force et la résistance à la fatigue, car il vous faudra parfois vous adapter à des charges et à des rythmes de travail intenses.

SITUATION

TRAVAILLER DE NUIT

Clémentine est infirmière de nuit à l'hôpital Saint-Joseph. Aujourd'hui, elle prend son service à 22 heures et finira à 6 heures du matin. Elle se rend dans les chambres rapidement lorsqu'un patient appuie sur sa télécommande. Souvent, il s'agit d'un besoin de réconfort. Clémentine est à l'écoute des malades, elle sait les rassurer. Elle les fait rire aussi. Parfois, il s'agit d'une urgence médicale. Là, il faut faire vite : détecter le niveau d'urgence, contacter le médecin et faire si besoin les premiers soins. De la rapidité d'exécution de chacun dépend la vie du malade. Alors Clémentine ne plaisante pas et reste vigilante jusqu'au bout de la nuit.

2. La personnalité « idéale »

La personnalité idéale des professions sanitaires et sociales reprend les traits mis en avant ci-dessus. Elle est capable de se ressourcer car elle possède un bon équilibre psychologique. Cette personnalité sait donc donner de l'attention, de l'énergie, mais elle sait aussi prendre pour « recharger les batteries ».

A – La pensée idéale de chaque seconde

« Vivre, c'est apprendre à aimer. »

Cette citation du grand humaniste l'Abbé Pierre[1] dépasse toutes les religions et place l'amour au cœur de la vie. L'amour est le sens de la vie. De quel amour s'agit-il ? Pas uniquement de l'amour qui unit un couple ou même de l'amitié. L'amour dont parle l'Abbé Pierre, c'est d'être sensible à l'autre, touché par lui et ne lui porter aucun jugement. Ce que souligne aussi cette pensée, c'est que l'amour n'est ni facile ni évident : aimer s'apprend. Pour s'épanouir dans les métiers du sanitaire et du social, cette phrase est une clé.

Il n'est pas toujours simple de s'occuper d'enfants turbulents, de malades en souffrance, de personnes perdues ou déprimées, mais c'est encore plus difficile, voire impossible, de le faire à contrecœur, sans amour ni compassion.

B – Le défi idéal de tous les jours

« Je donne le meilleur de moi. »

Dans le secteur sanitaire et social, on ne travaille pas devant un ordinateur ou dans une usine avec des robots. On est en présence d'êtres humains, bien souvent fragiles ou fragilisés, qui ont des besoins, des exigences et qui sont d'abord et avant tout, dignes de respect. Pour s'occuper pleinement de ces personnes, il faut être disponible à 100 % et ensuite mettre en œuvre 100 % des moyens pour répondre aux mieux à leurs attentes. C'est à ce prix que l'on fait du bon travail et que l'on en obtient une immense satisfaction.

C – Le loisir idéal de la semaine

« Je me ressource. »

Pour pouvoir bien s'occuper des autres, il faut être capable de prendre soin de soi. Le loisir idéal de la semaine va donc être l'activité qui permet de se ressourcer, de redonner de l'énergie : dans les métiers sanitaires et sociaux, il faut beaucoup donner. Cela peut être une activité créative qui change les idées, ou un sport qui donne l'occasion de se défouler. Se ressourcer signifie aussi ne pas se dépenser inutilement : une bonne hygiène de vie au quotidien évitera la fatigue et son cortège de déprimes et de faiblesses.

1. Lorsqu'on lui a demandé quel a été l'objectif de sa vie, il a répondu : « j'ai essayé d'aimer ».

D – Le progrès idéal de chaque mois

« Je suis toujours plus à l'écoute des autres. »

Être à l'écoute des autres est une qualité essentielle pour les métiers sanitaires et sociaux. C'est en écoutant que l'on crée du lien, que l'on comprend, partage, réconforte et que l'on sait quoi faire. Mais attention, sans vigilance, cette attitude tend à disparaître : les soucis de la vie quotidienne prennent parfois le dessus... Alors, pour être disponible à l'autre, il faut faire le vide et savoir mettre ses problèmes personnels de côté.

E – La résolution idéale du nouvel an

« Cette année, je m'engage personnellement au service d'une cause sanitaire ou sociale. »

La passion est souvent (et heureusement) à la source d'un projet professionnel mais aussi personnel. Lorsqu'il existe cette cohérence, on parle de « projet de vie ». On dédie sa vie à une cause.

Par exemple, un(e) éducateur(trice) spécialisé(e) fait, en plus, partie d'un mouvement politique pour soutenir son action quotidienne

• un(e) aide-soignant(e) ou un(e) auxiliaire de vie sociale participent à des actions de solidarité vers des pays en voie de développement ;

• une auxiliaire de puériculture parraine des enfants du monde par l'intermédiaire d'une ONG (organisation non gouvernementale).

Remarque : ces activités « personnelles », dédiées aux autres et souvent bénévoles, peuvent être un « plus » dans votre parcours professionnel : elles témoignent de votre engagement au service des autres.

PARTIE 7

Exprimer sa motivation

Chapitre 16

Votre motivation

L'entretien permet au jury d'évaluer l'authenticité et la force de votre motivation, d'analyser si cette motivation est bien ancrée dans la réalité et enfin de vérifier si vos valeurs sont cohérentes avec celles du secteur sanitaire et social. À capacité égale avec d'autres candidats, c'est votre motivation qui fera la différence.

Nous allons aborder les quatre questions[1] les plus courantes posées lors de l'entretien et la méthode pour y répondre au mieux. Ce sera aussi l'occasion pour vous de faire le point avec vous-même et de récapituler tout ce que cet ouvrage a pu, nous l'espérons, vous apporter. Enfin, pour mettre toutes les chances de votre côté, nous verrons les attitudes à adopter ou à bannir devant un jury.

LES MOTS-CLÉS

Conviction – clarté – authenticité – réponse construite – bases solides – professionnalisme – arguments concrets – connaissance de soi – tenue irréprochable – comportement ouvert – critères pertinents – analyse argumentée – réflexion structurée

1. Question n° 1 : « pourquoi avez-vous choisi le métier de... ? »

C'est la question fondamentale de l'authenticité de votre motivation qui est posée ici.

Elle peut être formulée de différentes façons :

- « qu'est-ce qui vous intéresse dans le métier de... ? » ;
- « qu'est-ce qui vous intéresse dans les études de... ? » ;
- « pourquoi avez-vous choisi de passer le concours de... » ;
- « sur quels critères avez-vous choisi votre formation de... ? ».

A – Votre réponse immédiate

Inscrivez maintenant (sans avoir lu la suite du paragraphe) dans le cadre ci-après les raisons pour lesquelles vous avez choisi votre futur métier, ou, autrement dit, les raisons du choix de votre candidature à votre concours, telles que vous les présenteriez à l'entretien.

1. Attention : nous n'affirmons en aucun cas avec certitude que ces questions vous seront posées à l'entretien. Néanmoins, ces quatre questions sont considérées comme des « classiques » de l'entretien.

Votre réponse	

B – Les éléments pour bien répondre

Le jury va analyser le contenu de votre réponse, mais aussi sa construction. Une réponse confuse, qui « part dans tous les sens », peut vous désavantager. Une réflexion structurée vous permettra d'aboutir à une réponse construite et convaincante.

a. La réflexion sur vous-même

Pour répondre à cette question, il est nécessaire de vous interroger vous-même sur les raisons qui ont motivé votre choix. Pour être clair devant le jury, il faut d'abord que vous soyez clair avec vous-même.

Répondez aux questions suivantes, en prenant votre temps.

Ce sont des questions que le jury peut être amené à vous poser.

Depuis quand avez-vous envie de faire ce métier ?

....

Y-a-t-il une personne ou un événement qui ont influencé votre choix ?

....

Comment avez-vous découvert le métier que vous voulez faire ?

....

Aimez-vous aider les autres ? Si oui, comment l'avez-vous mis en pratique ? (Citez deux exemples ou vous avez êtes venu(e) en aide à des personnes.) Quel souvenir en gardez-vous ?

....

....

....

Pour celles ou ceux qui veulent devenir auxiliaire de puériculture :

Vous êtes-vous déjà occupé d'enfants ? Quel âge avaient-ils ? Le contact avec les enfants a-t-il été agréable et facile ? Quel souvenir en gardez-vous ?

....

....

....

Qu'est ce qui vous plaît le plus dans le métier que vous avez choisi ?

....

Qu'est ce qui vous plaît le moins ?

....

b. La construction de la réponse

Pour répondre à la question « pourquoi avez-vous choisi de passer le concours de... », il vous faut réfléchir aux différents aspects de la question, en partant de vous personnellement, puis en agrandissant votre champs de réflexion au métier et au secteur sanitaire et social.

Il est conseillé enfin d'aborder les aspects contraignants de la profession afin de démontrer que vous êtes aussi conscient(e) que le métier que vous voulez faire comporte des difficultés, que vous pouvez les intégrer, que vous êtes réaliste et que vous avez fait un choix en connaissance de cause.

Vos critères personnels : en quoi les relations humaines vous intéressent-elles ?

Vous développez ici les raisons pour lesquelles vous avez choisi un métier lié à l'humain (et non pas au commerce ou à la technique...).

Exemples de réponses

Vous pouvez dire que vous aimez le contact avec autrui :

- parce que vous trouvez utile et valorisant d'aider les autres ;
- parce que vous pensez que c'est essentiel de contribuer à soulager la souffrance...

Ensuite, vous devez prouver vos affirmations par un ou deux exemples qui illustrent ce que vous avez fait et le bénéfice que vous en avez retiré.

Exemples de réponses

– « J'ai gardé pendant un an deux enfants de 2 et 4 ans après mes cours et j'ai trouvé ce travail passionnant car je m'amuse autant qu'eux à leur trouver des activités qui les intéressent. »

– « Je m'occupe de ma grand-mère tous les dimanches, j'aime discuter avec elle et être à ses petits soins et elle me le rend au centuple par sa gentillesse et son attention... ».

Les critères liés au métier

Vous devez maintenant développer les avantages que vous trouvez à votre futur métier et montrer au jury que vous avez une bonne connaissance de votre futur univers professionnel.

Exemples de réponses

– « *Le métier d'aide-soignant* est intéressant car il permet de côtoyer une grande diversité de personnes comme les malades, mais aussi les personnes âgées et les personnes porteuses de handicaps. De plus, on peut exercer ce métier dans un grand nombre de spécialités telles que la médecine, la chirurgie, les unités de soins de suite et de réadaptation, la gériatrie aiguë, les urgences, les blocs opératoires, la maternité, ce qui permet d'acquérir de nouvelles compétences. »

– « *Le métier d'auxiliaire de puériculture* est motivant car on est appelé à encadrer des enfants de tout âge, avec ou sans handicap, malade ou sain. De plus, on peut exercer ce métier dans différents secteurs d'activité comme le secteur hospitalier ou extrahospitalier, les crèches collectives et familiales, les pouponnières, les PMI, etc. ».

Les critères liés au secteur sanitaire et social

Vous montrez au jury que vous avez envisagé votre carrière professionnelle dans sa globalité en énonçant des avantages propres au secteur sanitaire et social.

Exemples de réponses

– « Le secteur sanitaire et social est en pleine expansion et il offre une bonne stabilité de l'emploi. »

– « Le secteur sanitaire et social présente de véritables perspectives d'évolution :

• pour un(e) aide-soignant(e) : on peut devenir infirmier(ère) ;

• pour un(e) auxiliaire de puériculture : on peut devenir infirmier(ère) spécialisé(e) comme puériculteur(trice)[1]. »

Les contraintes dont vous avez conscience

Montrez que vous connaissez les contraintes du métier que vous avez choisi : cela sera perçu par le jury comme un signe d'engagement et de responsabilité de votre part.

Exemples de réponses

– Pour la profession d'infirmier(ère) ou d'aide-soignant(e) : « je suis conscient(e) de la fatigue physique occasionnée par le port de lourdes charges et les changements d'horaires de travail dans le métier d'aide-soignant, comme de la difficulté à vivre la confrontation avec la mort et la souffrance d'autrui ».

– Pour la profession d'auxiliaire de puériculture ou d'éducateur : « je sais qu'il n'est pas toujours facile de travailler dans un environnement bruyant et qu'il faut faire preuve de patience et de résistance nerveuse avec les enfants, mais aussi face à l'exigence des parents ».

C – L'analyse du jury

A travers votre réponse à la question : « pourquoi avez-vous choisi le métier de... ? », et aux questions complémentaires indiquées dans le paragraphe B. a « La réflexion sur vous-même », le jury va chercher à déterminer :

• *quelle est la source* de votre motivation : est-ce bien votre propre désir de vous réaliser dans le métier choisi ou est-ce une influence extérieure qui vous dirige ? Attention à la question : « y-a-t-il une personne ou un événement qui ont influencé votre choix ? » : dans votre réponse, il est préférable que le jury ne perçoive pas l'influence de quelqu'un (vos parents ou un conseiller d'orientation par exemple) ;

• *si votre motivation est bien fondée sur un besoin « positif » orienté vers l'autre* (par exemple : le plaisir de rendre service) et non sur un besoin « négatif » tourné sur vous-même (par exemple : le besoin d'affirmer sa supériorité sur les autres, malades ou enfants) ;

• *si vous avez une bonne connaissance de vous-même* (on ne peut savoir réellement ce que l'on veut que si l'on sait qui on est) ;

• *si vous avez une bonne connaissance de votre futur métier* (les aspects positifs comme les aspects négatifs) ;

• *quelle est l'énergie* que vous êtes capable d'engager dans la poursuite de votre objectif professionnel (si vous êtes prêt[e] à travailler et faire des efforts).

• Par exemple : le jury va se méfier de la motivation d'un candidat qui redoute de faire de longues études, car s'il n'est pas capable de fournir de l'énergie pour étudier, il n'en fournira *a priori* pas plus dans son métier ;

• si vous n'avez pas de troubles graves de la personnalité.

1. Dans ce cas de figure, si vous devez citer la profession de sage-femme, il vous faudra immédiatement argumenter, car le jury vérifiera vos connaissances sur le niveau d'accès à cette profession (classée profession médicale).

D – Votre réponse affinée

Dans votre réponse, le jury va découvrir votre identité, votre histoire, ce qui fait que vous êtes différent(e) des autres. C'est important de ne pas répondre des informations « toutes faites », mais bien des informations qui vous sont propres. C'est pourquoi, dans votre « réponse affinée », vous devez prendre en compte les explications exposées ci-dessus, mais ne pas oublier vos informations « authentiques » contenues dans la première réponse que vous avez rédigée, en paragraphe 1. A.

La structure de réponse est inscrite dans l'espace réponse ci-dessous afin de vous aider à mieux construire votre réponse. Néanmoins, vous pouvez changer l'ordre du plan si cela vous convient mieux.

« POURQUOI AVEZ-VOUS CHOISI LE MÉTIER DE... ? »	**VOTRE RÉPONSE AFFINÉE** **Vos critères personnels : en quoi les relations humaines vous intéressent-elles ?** **Les critères liés au métier :** **Les critères liés au secteur sanitaire et social :** **Les contraintes dont vous avez conscience :**

2. Question n° 2 : « quelles sont vos qualités pour exercer le métier que vous avez choisi ? »

Cette question porte encore sur votre motivation, mais le jury cherche à analyser l'adéquation entre vous et votre projet. On n'est plus sur le registre du plaisir ou de l'envie (question n° 1) mais de la capacité et de l'auto-évaluation.

La question peut se rencontrer aussi sous la forme :

- « en quoi vous estimez-vous capable de faire ce métier ? » ;
- « quelles sont d'après vous les qualités que vous pourriez faire valoir pour exercer ce métier ? » ;
- « quels sont vos atouts personnels pour vous engager dans cette voie ? ».

A – Votre réponse immédiate

Inscrivez dans l'espace ci-dessous, et à la lumière de tout ce que vous avez découvert ou redécouvert sur vous-même dans cet ouvrage, les qualités vous permettant de pratiquer votre futur métier.

VOTRE RÉPONSE	

B – La construction de la réponse

Cette question aborde apparemment votre personnalité et vos qualités. L'erreur serait d'y répondre en ne parlant que de vous de façon personnelle, en n'étant pas concret ou en surestimant vos qualités.

Vous devez d'abord partir des qualités nécessaires à votre futur métier afin de vous placer en tant que futur(e) professionnel(le) du secteur sanitaire et social. Ensuite, vous confirmez que vous possédez ces qualités (pour exercer mais aussi pour bien gérer les contraintes du métier) en prouvant vos dires par un souvenir ou une expérience personnelle.

Votre réponse, ou argumentaire, peut se construire de la façon suivante :

- a : pour mon futur métier, les qualités indispensables sont...
- b : je possède ces qualités, la preuve...

a. Pour mon futur métier, les qualités indispensables sont...

Il s'agit ici d'énoncer trois ou quatre qualités propres à votre futur métier, et que vous possédez, et de justifier concrètement en quoi elles sont importantes.

Pour sélectionner les qualités-métier, reportez-vous aux atouts que vous avez répertoriés dans les rubriques « Votre synthèse n°... » des parties 1 à 5 et au chapitre 15 de la partie 6.

Pour argumenter les qualités-métier que vous avez sélectionnées, vous pouvez vous inspirer des informations-métier présentées dans les chapitres 2, 4, 6, 8 et 11 des parties 1 à 5, intitulées « L'importance de... dans le sanitaire et le social ».

<u>Exemples de réponses</u>

– Pour être puériculteur(trice), auxiliaire de puériculture ou éducateur(trice), il faut d'abord avoir un bon contact avec les enfants pour être capable de les intéresser et établir une relation de confiance ; être organisé(e) pour bien gérer la partie hygiène, sécurité et entretien, et imaginatif pour la partie animation ; enfin, avoir une bonne gestion de ses émotions afin d'être toujours de bonne humeur avec les enfants comme avec les parents.

– Pour être infirmier ou aide-soignant, je pense qu'il faut d'abord savoir mettre à l'aise les personnes, savoir les rassurer ou les réconforter ; être aussi attentif et observateur pour bien évaluer le rétablissement ou la dégradation de l'état d'un patient ; enfin, avoir l'esprit d'équipe, car dans les métiers du sanitaire et du social, on doit pouvoir compter sur le professionnalisme de chacun.

b. Je possède ces qualités, la preuve...

Il vous faut maintenant vous approprier les qualités du métier que vous avez présentées, et les argumenter concrètement.

Utilisez les expériences, souvenirs, ou loisirs que vous avez cités dans les rubriques « Votre synthèse N°... » des parties 1 à 5.

Exemples de réponses (suite du premier exemple du paragraphe précédent)

– Concernant le bon contact avec les enfants, je peux vous affirmer que je possède cette qualité ; en effet, j'ai fait un stage en halte-garderie avec des enfants de 2 à 5 ans et dès que j'arrivais le matin, les enfants venaient vers moi et ils me réclamaient pour les animations.

– Je possède aussi le sens de l'organisation et je l'utilise au quotidien, pour faire mes devoirs à l'avance, pour ranger les documents utiles à la préparation du concours[1] et même pour planifier mes activités quand je suis en vacances.

– Pour la gestion des émotions, je suis sensible mais je sais prendre sur moi et me contrôler, même quand je suis fatigué(e). Je m'en suis aussi aperçu(e) lors de ce stage... (argumentation).

C – L'analyse du jury

À travers votre réponse à la question « quelles sont vos qualités pour faire le métier que vous avez choisi ? », le jury va chercher à déterminer :

• *quelle est votre perception de vous-même*, c'est-à-dire, quelles sont les qualités majeures que vous vous attribuez : soyez positif(ve) et évitez de choisir des « parties » de qualité qui risqueraient de vous dévaloriser (par exemple : éviter de dire « je sais bien faire le ménage ») et choisissez des qualités générales (choisissez plutôt de dire « je suis consciencieuse et méticuleuse ») ;

• si vous êtes capable de *vous projeter dans l'avenir avec réalisme* ;

• quel est votre niveau de conscience sur le métier, à savoir :

  – quel est votre *connaissance de la profession* (si vous êtes bien motivé[e] par la réalité et non un métier rêvé, idéal),

  – et quelles sont les *qualités* que vous y projetez : là aussi, évitez de vous perdre dans les détails, ne citez pas des qualités-métier partielles (par exemple : évitez de dire « pour être aide-soignant, il faut être poli ») et choisissez des qualités-métiers importantes (dites plutôt : « il faut être respectueux ») ;

• *quelle est la véracité de votre discours*, c'est-à-dire, quels sont les arguments concrets que vous donnez pour montrer que vous avez bien compris le métier et que vos qualités sont bien des qualités réelles et non pas inventées. Pour cela, n'oubliez pas les exemples concrets !

D – Votre réponse affinée

C'est à vous maintenant de rédiger dans les grandes lignes les 3 ou 4 qualités que vous trouvez essentielles pour exercer votre futur métier et en quoi vous les possédez. Analysez, à la lumière de ce que vous venez de lire, si les qualités que vous avez notées dans le premier paragraphe conviennent.

Pour vous aider, vous trouverez inscrite dans le cadre ci-dessous la structure de la réponse telle qu'elle est décrite dans le paragraphe A.

1. Ici, le candidat peut éventuellement signaler (si c'est la réalité) qu'il a regroupé, en vue de l'entretien, des coupures de presse, classées par thèmes ; par exemple : thèmes sur la santé, sur la prévention, l'hygiène, l'environnement, etc.

« Quelles sont vos qualités pour faire le métier que vous avez choisi ? »

VOTRE RÉPONSE AFFINÉE

Pour mon futur métier, les qualités indispensables sont...
1re qualité :
Exemple concret :
2e qualité :
Exemple concret :
3e qualité :
Exemple concret :
4e qualité :
Exemple concret :
Je possède ces qualités, la preuve...
1re qualité :
Exemple concret :
2e qualité :
Exemple concret :
3e qualité :
Exemple concret :
4e qualité :
Exemple concret :

3. Question n° 3 : « avez-vous pensé à d'autres professions ? Si oui, lesquelles ? »

Cette question porte toujours sur votre motivation mais il s'agit ici d'évaluer principalement votre cohérence, c'est-à-dire la force de votre motivation.

Cette question peut prendre aussi les formes suivantes :

- si vous échouez à votre concours, que comptez-vous faire ?
- citez plusieurs autres métiers qui vous intéresseraient...

A – Votre réponse

Notez dans le cadre ci-dessous votre réponse (deux ou trois métiers maximum).

Votre réponse

B – La construction de la réponse

Vous devez répondre d'une façon cohérente, réaliste et renseignée. Votre objectif est de démontrer que vous n'avez pas choisi votre futur métier par hasard et que vous l'avez donc comparé à d'autres professions qui sont dans le champ de vos possibilités et de vos aspirations.

a. Une réponse cohérente

Pour répondre à la question : « avez-vous pensé à d'autres professions ? », nous vous conseillons vivement de donner une réponse cohérente avec votre choix initial. En effet, si vous proposez comme autre métier possible une carrière commerciale ou agricole, vous vous discréditez et le jury aura des doutes quant à votre motivation !

Ainsi, vous devez :

- rester dans ou proche du domaine sanitaire et social ;
- respecter les critères de choix que vous avez énoncés lors du premier paragraphe, pour la réponse à la question : « pourquoi avez-vous choisi le métier de... ».

Attention : évitez de jouer la carte de la « vocation » en expliquant que vous n'avez pas d'autres métiers en vue, c'est généralement mal perçu par le jury, qui y voit une réponse trop facile ou une réponse fuyante.

b. Une réponse réaliste

Votre réponse doit tenir compte de vos réalités (goûts, envies) mais aussi de la réalité. Pour cela, vous devez connaitre les moyens d'accès (niveau requis, écoles, instituts, concours, validation des acquis de l'expérience, etc.) à ces métiers. Ces formations doivent être compatibles avec votre cursus.

c. Une réponse renseignée

Vous n'avez pas choisi votre futur métier par hasard. Vous devez montrer au jury que vous avez mené une recherche sérieuse qui vous amène à ce concours. Présenter vos autres métiers possibles, c'est démontrer votre motivation, c'est expliquer le cheminement solide et réfléchi qui vous a amené à votre choix.

Si néanmoins vous n'avez pas effectué cette recherche, voici quelques pistes de réflexion. Il vous appartient par la suite de vous renseigner plus amplement[1].

Réfléchissez à ce que vous préférerez dans le secteur sanitaire et social. Vous êtes plutôt attiré(e) par le fait de :

- *soigner et utiliser des techniques de soins*. Vous pouvez chercher des renseignements sur les métiers suivants :
  - infirmier(ère)*,
  - puériculteur(trice)*,
  - aide-soignant(e)*,
  - auxiliaire de puériculture*,
  - agent de stérilisation,

1. La plupart des formations à caractère sanitaire et social figurent au catalogue des éditions Elsevier-Masson (*cf.* ouvrages de J.Gassier). Nous les signalons ci-après par un astérix (*).

- ambulancier(ère)*,
- technicien(ne) en analyses biomédicales... ;

• *accompagner et animer*. Vous pouvez chercher des renseignements sur les métiers suivants :
- aide médico-psychologique,
- moniteur(trice), éducateur(trice)*,
- éducateur(trice) spécialisé(e)*,
- éducateur(trice) jeunes enfants*,
- ATSEM (agent territorial spécialisé des écoles maternelles)* ;

• accueillir, aider et conseiller. Vous pouvez chercher des renseignements sur les métiers suivants :
- aide à domicile, auxiliaire de vie sociale*,
- assistant(e) de service social,
- diététicien(ne),
- technicien(ne) de l'intervention sociale et familiale...
- secrétaire médicale...

Remarque : ce classement est purement théorique car il est évident que l'acte de soin fait également partie de la formation des auxiliaires de vie sociale, et que l'acte d'aider et de conseiller est au cœur du métier d'aide-soignant ou d'auxiliaire de puériculture.

d. Le plan

Préparer cette réponse, c'est anticiper les éventuelles questions supplémentaires du jury du type :

• en quoi consiste ce métier ?

• en quoi vous intéresse-t-il ?

• vous est-il directement accessible ?

• pourquoi n'avez-vous pas choisi ce métier en premier lieu ?

Nous vous proposons un plan en quatre parties, pour chaque métier choisi :

• le métier et sa définition,

• la raison de votre choix (en restant cohérent avec les critères de votre choix initial)

• la formation nécessaire,

• la raison pour laquelle c'est un second choix. En effet, vous devez valoriser et confirmer votre choix initial en expliquant en quoi ces autres métiers possibles vous conviennent moins bien que votre métier choisi.

• Par exemple : un candidat se présente au concours d'aide-soignant. Il désigne comme second choix le métier d'auxiliaire de vie sociale, il explique pourquoi (même type de travail qu'aide-soignant mais à domicile), comment y accéder (obtention du DEAVS), mais il exprime le regret de ne pouvoir dans ce cas exercer sa fonction dans le milieu hospitalier et de ne pas travailler régulièrement en équipe (il valorise ainsi ses qualités de sociabilité).

C – L'analyse du jury

À travers votre réponse à la question : « avez-vous pensé à d'autres professions ? Si oui, lesquelles ? », le jury va chercher à déterminer :

• *la force de votre motivation* : plus votre conviction est importante, plus vous serez apte à faire des efforts pour mener à bien votre projet. La force de la motivation est révélée par l'énergie mobilisée pour choisir votre futur métier en connaissance de cause ; le jury en déduit logiquement l'énergie que vous pourrez mobiliser pour réussir ;

• *votre niveau de connaissances sur le secteur sanitaire et social* : les candidats qui démontrent une bonne connaissance du secteur d'activités témoignent d'une vision lucide et réaliste de leur environnement professionnel et d'une bonne capacité à se projeter dans l'avenir.

D – Votre réponse affinée

C'est à vous maintenant de rédiger votre réponse. Regardez d'abord dans votre première réponse si les métiers conviennent au regard des analyses de ce paragraphe. Complétez si besoin vos recherches sur internet[1] ou dans votre centre d'informations et d'orientations.

« AVEZ-VOUS PENSÉ À D'AUTRES PROFESSIONS ? SI OUI, LESQUELLES ? »

VOTRE RÉPONSE AFFINÉE

Vos autres métiers (+ définition)	Pourquoi	Les moyens d'accès	Pourquoi un second choix
1/			
2/			
3/			

1. Voir sur Internet (avec comme entrée : Jacqueline Gassier) la liste des ouvrages du secteur sanitaire et social parus aux éditions Elsevier-Masson (certains traitent les concours d'entrée, d'autres les programmes d'études, d'autres proposent des annales).

4. Question n° 4 : « quels sont vos qualités et vos défauts ? »

C'est la question que tout le monde redoute car elle renvoie directement à l'image que l'on a de soi. Elle est apparemment personnelle et éloignée de l'univers scolaire et professionnel. En fait, nous allons voir qu'elle donne surtout l'occasion de bien exprimer sa motivation.

On peut aussi la rencontrer posée sous les formes suivantes :

- « dites-nous en quelques mots qui vous êtes » ;
- « quels sont vos points forts et vos points faibles ? » ;
- « citez votre principale qualité et votre principal défaut » ;
- « qu'aimez-vous le plus et qu'aimez-vous le moins ? » ;
- « comment vos amis vous perçoivent-ils ? » ;
- « quels sont chez vous les points à améliorer ? ».

A – Votre réponse immédiate

Vous avez maintenant l'habitude de cet exercice : notez dans la case ci-dessous vos qualités et vos défauts tels que vous répondriez à l'entretien. Ne dépassez pas plus de trois qualités et trois défauts.

Votre réponse	

B – Les éléments pour bien répondre

Pour bien répondre à cette question, il ne faut pas la prendre sous son angle personnel, mais bien *professionnel*. Le jury n'est pas un cabinet de psychanalystes... Ce n'est donc pas à vous, individu, que le jury s'adresse, mais au futur professionnel du sanitaire et du social. Répondez donc en professionnel(le), cela vous permet de montrer que vous êtes déjà « dans la peau » de votre future fonction, ce qui est un signe fort de motivation. Cela est valable d'ailleurs pour toutes les questions de l'entretien. Ne l'oubliez pas !

a. Vos qualités

Il s'agit de vos qualités en vue de votre futur métier. Vous avez donc déjà élaboré votre réponse lors de l'étude de la question n° 2 : « quelles sont vos qualités pour faire le métier que vous avez choisi ? ».

Pour présenter vos qualités, confirmez vos dires par un exemple concret (souvenirs, expériences), comme dans votre réponse à la question n° 2.

Évidemment, vous n'aborderez pas l'aspect professionnel développé dans la réponse à la question n° 2, cela n'étant pas le sujet.

b. Vos défauts

C'est ici le véritable sujet de la question. Le jury cherche à savoir la perception que vous avez de vous-même. La préparation de la réponse est importante et doit tenir compte des éléments suivants :

• vous ne devez pas citer des *défauts incompatibles* avec l'exercice de votre futur métier.

• Par exemple : vous ne pouvez pas dire : « je suis d'un tempérament sauvage, je fuis les contacts avec les autres » ou « je préfère les activités individuelles », ce serait faire l'aveu de votre incapacité à exercer un métier du sanitaire et du social.

• Conseil : évitez de citer des défauts du type : agressivité, violence, goût de la solitude, méfiance, impatience, étourderie, etc. ;

• vous pouvez sélectionner des défauts qui sont « les défauts de vos qualités », c'est-à-dire, la contrepartie de vos qualités.

• Par exemple :

– vous avez cité la qualité « sociable », vous pouvez présenter le défaut « bavard(e) » ou « curieux »,

– vous avez cité la qualité « organisé(e) », le défaut de la qualité peut être « très soucieux(se) de l'ordre, du rangement », voire « strict » ou « trop exigent(e) »,

– vous avez cité la qualité « consciencieux(se) », le défaut correspondant peut être « pointilleux(se) », « méticuleux(se) », etc. ;

• lorsque vous présentez un défaut, vous devez faire preuve d'un état d'esprit positif en expliquant ce que vous faites concrètement pour vous améliorer. Ne vous positionnez pas en victime de vos faiblesses : montrez que vous ne subissez pas vos défauts, que vous avez une bonne *maîtrise de vous-même* et que vous êtes dans un *processus de progrès*. Pour ce faire, inspirez-vous des points d'amélioration que vous avez répertoriés dans les rubriques « Votre synthèse N°... » des parties 1 à 5.

• Par exemple, vous pouvez répondre : « j'ai tendance à être trop bavarde, je peux rester des heures au téléphone, mais depuis deux ans, j'ai prévenu mes copines, je ne m'autorise plus à discuter en classe et je m'installe aux tables de devant, proches du professeur, pour ne pas être tentée de bavarder ».

C – L'analyse du jury

À travers votre réponse à la question : « quels sont vos qualités et vos défauts ? », le jury ne va pas chercher à juger votre personnalité (personne d'ailleurs n'est habilité pour cela !). Il va chercher à déterminer :

• la perception que vous avez de vous-même :

– si vous êtes dans une logique de valorisation de vous-même qui vous permet d'assumer vos défauts pour mieux les dépasser, le jury jugera que vous avez une personnalité stable et construite, apte à aider les autres,

– si vous êtes dans une logique de dévalorisation dans laquelle vos défauts sont perçus par vous-même comme des entraves, des freins, le jury cherchera, par des questions complémentaires, à savoir si vous n'avez pas de troubles de la personnalité ;

• *la cohérence de votre motivation*. Les qualités et défauts présentés doivent être compatibles avec l'exercice du futur métier et compatibles entre elles. Si vous citez une qualité (par exemple : l'esprit d'équipe) et un défaut qui l'annule (par exemple : le goût de la solitude), vous installez le doute dans l'esprit du jury qui va chercher à comprendre, par des questions complémentaires, quelle est la bonne information.

D – Votre réponse affinée

Analysez ce que vous avez noté dans le cadre du paragraphe A « Votre réponse immédiate » et sélectionnez les défauts qui sont compatibles avec les informations que vous venez de lire. Complétez si besoin avec des défauts que vous avez notés dans les rubriques « Votre synthèse N°... » des parties 1 à 5. Construisez votre réponse en l'articulant selon le plan noté ci-dessous.

« Quels sont vos qualités et vos défauts ? »	**VOTRE RÉPONSE AFFINÉE** **Vos qualités** : reprise de vos notes de l'encadré question n° 2 « je possède ces qualités, la preuve... » **Vos défauts :** 1er défaut : Exemple concret : 2e défaut : Exemple concret : 3e défaut : Exemple concret :

5. La motivation à travers le comportement

Lors de l'entretien, vous allez exprimer votre motivation dans vos réponses aux questions du jury. Mais il n'y a pas que vos « mots » qui parlent de vous. Si vous expliquez que vous êtes motivé avec un visage renfrogné, vous ne serez pas crédible. Votre façon de vous tenir, votre ton, vos réactions, l'expression de votre visage parlent aussi de vous. C'est le *langage non verbal*. Votre attitude donne toute une série d'informations, de réponses, qui vont être perçues par le jury et qui va attester ou non de l'authenticité de ce que vous dites.

Soyez attentif(ve) à votre comportement, n'hésitez pas à répéter vos réponses devant un miroir !

Les paragraphes suivants ont pour objectif de vous présenter les informations auxquelles le jury peut accorder de l'importance.

A – Bien se présenter face au jury

Dès les premières secondes de votre entrée dans la salle d'entretien, le jury va commencer à identifier la concordance entre votre attitude et le profil attendu. Un candidat qui montrera des signes de négligence au niveau de l'hygiène sera de toute évidence pénalisé pour accéder à un métier où l'hygiène est fondamentale.

Voici quelques conseils pour mettre toutes les chances de votre côté et « faire bonne impression » :

• *soignez votre présentation* : pour votre tenue vestimentaire, préférez le classique, ne négligez aucun détail comme les mains, les ongles ou les chaussures, privilégiez la discrétion pour le maquillage et évitez tout obstacle à une communication agréable (transpiration, mauvaise haleine, trop de parfum, etc.), vous devez être à la fois à l'aise et irréprochable ;

• *soignez votre attitude* : tenez vous droit(e), de façon tonique afin de pouvoir être convaincant(e) quant à votre motivation et votre enthousiasme ; évitez de poser la tête sur la main ou de vous affaler sur une chaise ;

• *soyez courtois(e)* : saluez le jury en regardant chaque personne ;

• *soyez avenant(e)* : souriez à bon escient (le sourire est un pont entre les personnes), le jury n'est pas là pour vous condamner mais pour faire connaissance avec vous !

B – Bien s'adresser au jury

Votre façon de vous exprimer dévoile votre état d'esprit. Vos formulations, expressions, réflexes sont le reflet de vos pensées profondes, de vos valeurs. Dans le secteur sanitaire et social, il est important de témoigner de son « humanité » et de sa neutralité de jugement.

Voici quelques conseils et pièges à éviter pour s'adresser au jury :

• *nuancez vos pensées* : ne vous présentez pas comme quelqu'un d'obtus, de borné ou qui croit tout savoir sur tout ; évitez l'emploi des « toujours » ou « jamais », perçus comme trop impératifs, des « tout le monde » ou des « on », trop généralisateurs ;

• *démontrez votre ouverture d'esprit* : ne généralisez pas votre expérience personnelle, évitez les théories faciles sur la vie et n'émettez pas de jugement hâtif sur une personne ou une situation (vous allez travailler au service de l'autre, quels que soient sa religion, sa couleur de peau ou ses habitudes de vie) ;

• *témoignez de votre goût de l'échange* : adressez-vous successivement à chaque membre du jury, en les regardant dans les yeux à tour de rôle, évitez de n'adresser la parole qu'à une personne ou de regarder vos pieds en parlant ;

• *ne récitez pas de réponses toutes faites*, le jury n'apprécie généralement pas car il cherche à avoir affaire à vous, pas à une leçon apprise par cœur derrière laquelle on peut se cacher ;

• *n'ayez pas peur du silence* : il vaut mieux se taire quelques secondes pour réfléchir que de dire quelque chose qu'on ne maîtrise pas.

C – Bien écouter le jury

Travailler au service de l'autre, c'est être capable de l'écouter. Vous devez témoigner de votre ouverture d'esprit et de votre « bienveillante neutralité par rapport à autrui » en prenant en compte l'avis et les commentaires du jury.

Pour témoigner de votre capacité d'écoute :

• ne coupez pas la parole aux membres du jury ;

• écoutez avec intérêt ses commentaires, sans pour autant être déstabilisé ni vous sentir obligé de renoncer à ce que vous pensez être vrai ;

• ne vous énervez pas si le jury manifeste un avis contraire au vôtre !

• n'ayez pas peur de poser des questions (pertinentes) complémentaires, vous montrerez votre goût de l'échange et vous éviterez des réponses hors-sujet.

Composé par Nord Compo
à Villeneuve-d'Ascq

471139-I-(5)-CSBM90-NOCOMP

Achevé d'imprimer
par Ten Brink aux Pays-Bas

Elsevier Masson SAS
62, rue Camille Desmoulins
92442 Issy-les-Moulineaux cedex
dépôt légal : avril 2010